自媒体写作从入门到精通

张书乐 著

清華大學出版社
北京

内容简介

本书从新媒体写作的基础入手，分为格局、标题、导语、正文和观点5章。作为一个从基础到进阶的新媒体创作训练范本，作者依托自己从2004年开始新媒体写作的经验，对新媒体写作中每一个结构上存在的各类体例进行梳理，并以简单易操作的公式进行呈现。同时，以自己创作的新媒体爆文作为蓝本，进行案例解析，为读者提供更详细的提升写作能力的参考。

本书通俗易懂，结构清晰明确，公式化繁为简，案例深入浅出，特别适合新媒体写作的入门者和进阶者阅读，也适合已经获得一定成绩的新媒体腰部账号的运营者、评论型文体的创作者和各类媒体从业者阅读，另外，本书也适合用作相关培训机构的教材。

图书在版编目(CIP)数据

自媒体写作从入门到精通 / 张书乐著 . —北京：清华大学出版社，2022.9（2023.10重印）
ISBN 978-7-302-61905-5

Ⅰ.①自… Ⅱ.①张… Ⅲ.①传播媒介—文书—写作 Ⅳ.① G206.2

中国版本图书馆 CIP 数据核字 (2022) 第 178334 号

责任编辑： 张立红
封面设计： 蔡小波
版式设计： 方加青
责任校对： 赵伟玉 卢 嫣
责任印制： 丛怀宇

出版发行： 清华大学出版社
网 址： http：//www.tup.com.cn，http：//www.wqbook.com
地 址： 北京清华大学学研大厦 A 座 **邮 编：** 100084
社 总 机： 010-83470000 **邮 购：** 010-62786544
投稿与读者服务： 010-62776969，c-service@tup.tsinghua.edu.cn
质 量 反 馈： 010-62772015，zhiliang@tup.tsinghua.edu.cn
印 装 者： 三河市东方印刷有限公司
经 销： 全国新华书店
开 本： 145mm×210mm **印 张：** 8.25 **字 数：** 191 千字
版 次： 2022 年 11 月第 1 版 **印 次：** 2023 年 10 月第 2 次印刷
定 价： 69.80 元

产品编号：098620-01

前　言

在人人都是自媒体的时代，新媒体（含融媒体和自媒体）变得越来越难做了。单篇文章的阅读量有十万 +，似乎成为衡量一个新媒体成败的关键标准。

2019 年 1 月底，我的百家号累计阅读量不过 2 069 万次，粉丝数为 94 761；而到了 2019 年底，累计阅读量便达到了 1.5 亿次，粉丝数为 20 万左右。

一年时间，阅读量破亿，按照我日更一文的频率，平均每篇文章的阅读量为 27 万次。当然，这只是一个平均数。有的文章阅读量仅仅千余，而有的文章阅读量则破百万。

依靠爆文突破阅读量

每一个新媒体都在分割流量，用户总量就那么多，此消彼长之下，太多内容已经挤爆了眼球，阅读量为 0 的概率无限加大。

恰恰是这些百万 + 的文章不断爆发，才让我的文章总阅读量能够“轻松”破亿。这只是我在百家号上的成绩。在今日头条上，2019 年每个月我都能拿下几个青云奖；在搜狐号上，十万 + 周周有，百万 + 月月拿。

常有爆文，使我能够在新媒体领域拥有一定的话语权。百

万 + 爆文代表什么？影响的人群超过百万，如果能持续影响他们，就拥有了逐步确立个人品牌的可能。

不过百万 + 爆文也要看领域。娱乐、历史乃至体育这些人人皆能读、大众皆喜好的领域，新媒体做到单篇百万 +、留言过万不是难事。可如果是科技、财经或更为冷门的互联网产业经济趋势分析呢？十万 + 爆文都极为难得！因为受众太少。但这不影响这些单篇不过十万 + 的新媒体树立品牌。原因同样简单，尽管受众少，十万 + 却依然覆盖了足够多的该领域的爱好者，如果这些受众的数量只有一百万，那一篇十万 + 爆文就影响了 1/10 的目标人群。

我的自媒体定位是游戏产业和互联网产业的分析与评论，聚焦的是一个不太被关注的领域，因此爆文的意义也就不仅仅是阅读量大了。

想要爆文，必要的套路不可少

在人人都是自媒体的时代，仅仅靠文笔来突围，已经不行了。毕竟，数以千万的新媒体创作者之中，文笔堪称佼佼者的实在太多。而且，从 2004 年博客兴起，新媒体经历了博客、微博、微信公众号、今日头条、喜马拉雅、抖音等诸多平台，形式有图文、音频、视频，乃至视频细分为短视频、长视频，图文有微博、深度专栏和付费专栏等。数以千万计的创作者都在流量池中进行博弈，其中许多人早已深耕了十多年，占据了自己的山头。想要突围，难度变得很大。

怎么破局？写出爆文都是有套路可学、有踪迹可循的。万变不离其宗，文章总归都是标题、导语、正文和观点的组合，只不过在受众面前呈现的形式不同而已。

套路可以总结，比如标题到底写多少字，分几段，是用提问的方式还是指南的模式，又或者蹭热点话题，蹭大咖的热度。每一种标题的格式都可以公式化。导语有导语的公式，正文有正文的公式，甚至是走独特路线来表达“笑傲江湖”的观点，体现态度和温度，也是有规律可遵循的。只不过，不要让公式这样的东西桎梏创作和创意，而是要将其作为一种驱动力，帮助人们更好地找到属于自己的新媒体创作之路。

于是，我根据从 2004 年以来从事新媒体写作和自己部分爆款文章的成功经验，进行一系列的提炼和总结，找到了一些套路。读者在熟悉这些套路之后，还能衍生出自己的套路，最后做到“无招胜有招”。

当然，还是要说一句，千万别走歪路。有些歪路，看似能轻松收获百万 +，比如论坛时代那个引发歧义的标题“美女走光了”确实有速效。可是，单篇百万 + 之后呢？

新媒体需要长期的经营，单篇百万 + 其实并不能证明成功。当一个新媒体通过走歪路快速达成了单篇目标之后，受众会摒弃它，最终这个新媒体要么在沉默中消亡，要么在沉默中被封杀。

作为一个从 2004 年开始做新媒体的人，我看过太多云起云落，从没见过走歪路的新媒体能有第三条路可走。

想要爆文，独特的观点必须有

在人人都是自媒体的时代，想要有独特的观点已经越来越难了。毕竟，再小众的领域里，跑道上也挤满了竞争者，你想独树一帜并保持言之有理是不容易的。

你能想到的，别人也同样能想到。除了比发文速度外，还有更好的办法吗？答案是，新媒体最终比拼的不是谁有独家消息或内幕，而是谁有独家观点且言之有理，或至少能自圆其说。

新媒体是需要长期运营的。单篇成为爆文，或许出于偶然，或许出于侥幸，或许还有其他原因。但持续产出爆文，靠的还是独到的眼光、精准的“点穴”和持续的精耕。

六神磊磊不是靠一篇爆文成功的，而是靠一篇篇爆文；罗振宇不是靠一次演讲成功的，而是靠一次次演讲；还有更多新媒体人，哪一个不是在光环之下苦中作乐？坚持，坚持，再坚持，进行持之以恒、质量有保障的观点输出，再配合独到的视角，最终走出一条自己的路。

不是只有网文作者才怕断更，新媒体作者更怕，若不刷存在感，就会被人遗忘。

独特的观点是什么？它不仅要语出惊人，还要能够在一个被反复翻炒了无数次的话题中展现不一样的视角，表达出不一样的感悟，甚至能够给受众带来顿悟。

每一个新媒体创作者其实都应该尝试如何在寻常中找到不寻常，如何在熟地里挖掘出潜藏的珍宝。

套路是底子，创作者需要掌握最常见的规律，这就和诗人要掌握诗词的格律一样。观点是更高的维度，让创作者在广阔天地中找到属于自己的星空。爆文能够证明创作者找到了正确的路，而持续不断的爆文则是证明创作者没有走向歧途。

想要爆文，这本书能给你什么？

这本书里没有高深的理论，只有根据写作的基本规范和我自己在新媒体创作过程中总结的经验，特别是遇见过的问题，逐步积累起来的一整套方法。

这本书分为五章。

第一章讲格局和立意。在起步阶段，选择一个最合适的入口和跑道至关重要。如果起步姿势不对，则后续都会跑偏。

第二章讲标题。本来在创作时，可以最后才写标题，但我们最好还是按照内容的阅读顺序来写。标题难取吗？它难在怎么取才能让人点击，难在怎么取才能让人转发，但更难的还是怎么取才会获得粉丝。答案并不复杂，取标题实际上是细活，根据这一章的指导进行写作，就能做得到。

第三章说导语，第四章谈正文，也都是同样的路数，由浅入深，层层递进。每一个公式、每一套模板，乃至每一种形式，都通过实际案例进行解读。和其他的新媒体写作指导书不太一样的是，本书不是事后诸葛亮的复盘，而是我通过解剖自己的文章，为你解析爆文的关键。这不是纸上谈兵，而是第一手资料、第一手经验和第一手的成功范式。

第五章讲观点。在我的新媒体创作生涯中，一直以观点作为新媒体成败的关键。书里说到的五层心法，每一层都不容易炼成，读者可以先进行模仿，再自行创作。

这本书的读者首先应该是自媒体人，特别是刚刚入行或遇到瓶颈的自媒体人。单枪匹马地闯荡新媒体行业，手里没一本指南是不行的。我们没必要重复前人已经犯过的错，而应借鉴前人已经蹚出的路。

其次是融媒体的从业者，尽管很多人是新闻专业科班出身，但新媒体和传统媒体还是有许多不同。我作为一个从事过报纸、电视工作的前记者，同时还是十多年孜孜不倦地在新媒体领域中耕耘的自媒体人，我对两者的同与不同有着许多切身感受。

再次是热衷于写作，特别是评论型文体的内容创作者，对于如何产出独特却言之有物、言之成理的评论，我相信我自己的实践经验能够给大家提供一些启发。

最后，或许还有更多想了解新媒体的人，也可以从本书中得到自己想要的，在这里我就不过多赘言。

目　录

第1章

格局：做新媒体！凭什么？

第2章

标题：不能光吸引，更要促转发

第3章 导语：抓住黄金三秒把人留下

第4章 正文：量好内容“三围”，拿到顶流入场券

第5章 观点：从有态度到有温度，有五层

第 1 章 格局

做新媒体！凭什么？

“认识你自己”这句刻在希腊古城德尔斐的阿波罗神庙上的箴言，或许是入门新媒体时，每一个人都该首先去做的事。

先问自己三个问题，或许会让你在新媒体的职业生涯中事半功倍。请遵循你内心的第一个答案，这将是一个成功的开端。这三个问题分别是：

- 为什么要做新媒体？
- 打算怎么做新媒体？
- 我有什么独特之处？

让我们的新媒体之旅从回答上述三个问题开始。做新媒体，首先要有一个正确的格局，如果格局一开始就错了，那后面的路将非常难走。

✪ 1.1 做新媒体，不只是赚钱

新媒体从职业属性的角度可以简单分成两类：一类是自媒体人，即通常意义上的自由职业者，放在过去则可视作自由撰稿人；另一类是融媒体工作者，他们大多是传统媒体在扩展网络边界时，被自己所在的报刊、广电或其他传统媒体单位安排到新媒体岗位上的从业者，骨子里还是记者。

基于这种分类，对于人们为什么要做新媒体，可以更加清晰地作出划分。

我在早前做过一个线上调查，受访的 34 名新媒体从业者在回答为什么要从事这个行业时，有 15 人给出“这就是一份工作”的答案。得到这个答案并不奇怪，受访者大多有 3 年以上的从业经验，而给出这样回复的人中，有 10 人是融媒体工作者。另外 5 人是自媒体人，他们的自媒体从业时长都在 10 年以上，换言之，他们都是从博客时代开始从事写作的较早的自媒体人。

问及这 5 人为何给出这个答案时，2004 年开始自媒体写作的新宇说：“一开始是有写作的冲动，也有发表的欲望。作为游戏领域的写手，当时诸如网易游戏频道、17173 还会给出一定的报酬，尽管收入很微薄，但确实有情怀。不过坚持了 10 多年后，兴趣也就顺理成章地变成了工作了。”

更多人给出的回答是“赚钱”。谈钱，并不是新媒体的原罪，也并不可耻。但大多数受访者还是表达了另一层意思：通过新媒体创作获得收入，并不断扩大自己的影响力，目的是名利双收，尤其是以个人身份从事自媒体写作的人，这样的倾向更为强烈。

当然，也有完全出于情怀的情况。一位受访者本身在大学任教，专心于文化、考古及其周边学科，也一直在新媒体上做相关话题的科普。“尽管此类话题的流量一直都是起步十万+，但我也没指望通过这些赚钱。”他表示，“搞创作的初衷是看到新媒体中各种歪解、误读历史话题的内容太多，忍不住出手，久而久之就形成了习惯。当然也想过商业化，不过即使是流量很大的历史话题的帖子，似乎也没有太多合适的商品可以带货。”

不过，这位受访者也并非一无所获。由于他写的历史普及类文章风趣且受欢迎，所以他经常收到一些报刊的约稿，赚一些稿费，对于他的工资来说，也算聊胜于无吧。“那些文章，也无助于评职称，但有初心在。”他说。

由此我们不难发现一个关键点：名利。对于新媒体从业者来说这并不是问题，问题在于你到底侧重哪方面，这决定了你未来的格局。

单纯逐利，是洗稿类自媒体的选择。它们或许会通过快速蹭热点、编撰耸人听闻的标题、从各处复制粘贴而来的内容，以及毫无营养但针对推荐算法和读者阅读习惯而设置的固定文章结构，做到短期获利。可无论如何，此类自媒体永远不可能扩大影响力，哪怕篇篇文章的阅读量达十万+。更重要的是，由于新媒体平台需要确保平台分发的内容质量稳定和有价值，此类自媒体往往会成为首批被清理的账号。用“朝不保夕”来形容这样看似红火却只能短期存在的自媒体，最合适不过。

选择求名，也容易走向一个误区，即一些自媒体的快速成名“绝学”：骂名人、骂专家。不管对错，只要专家赞同的就反对，不断挑起骂战来吸引眼球，快速出名，但往往最终出的是一些臭名。

单纯为情怀而创作呢？也未必是最佳选择。过度沉迷于情怀，就很容易无视受众的需求与习惯。新媒体写作有独特的规则和创作规律，也需要足够多的粉丝互动和刚性的流量支撑。如果只是自说自话的情怀创作，则难免沦为自娱自乐的行为。无人问津，只有自己欣赏，这样的新媒体会偏离它的本质，变成博客时代最初级的网络日志：写给自己看的记录罢了。

至于追名逐利，本就是一个带有贬义的成语，“名”“利”加上了“追”“逐”，人就很容易在名利的道路上迷失方向，误入歧途。

当然，上述都是一家之言，各有各的看法与思考。于我而言，做新媒体的目的可以用以下 16 个字概括：有名有利，有正能量，持续输出，全程质保。

1.2 做好打持久战的准备

做新媒体从来就是一个辛苦活。许多人在进入新媒体行业前，往往只是看到了它光鲜的一面，如微博上的一众大 V，又或者是做知识付费的罗振宇等人。这些风靡一时的新媒体人似乎是一夜成名天下知。

事实上，罗振宇在做“罗辑思维”节目前，曾在央视做了 10

多年主持人，否则不可能面对摄像头出口成章；靠解读金庸作品而成名的六神磊磊也曾在新华社当过 8 年记者。没有谁的成功是轻易得来的，为了达成名利双收的目标，需要长期的坚持。

这让人想起了郑渊洁。许多“80 后”的童年是在他的童话故事的陪伴中度过的，可很多人并不知道，从 1977 年开始进行文学创作的他曾这样描述自己的生活：“每天 4 点半到 6 点半，我都必须要搞创作，写我的《童话大王》。对我来说，这都形成生物钟了，到点自然醒。”

任何成功都不是侥幸的，新媒体亦然。有的人可能突然因为一个事件、一篇文章、一条微博、一个视频，甚至是一次无意的蹭热点而出名，并获得一大批粉丝，可结果呢？如果不持续输出，很快会变得籍籍无名。道理很简单，没有人有义务记住你。

持续输出，而不能坚持正能量，也会很快消失在舞台上。道理很简单，光环越大，跌下神坛时就会越惨。新媒体不管是融媒体还是自媒体生态，既然带有“媒体”二字，就需要有正能量的输出。如果追求博眼球而走“三俗”路线，如某些媒体人抛弃了职业操守，走假新闻路线（行业里称这类人为“客里空”），最终会被受众抛弃。

持续输出，却不能保证内容的质量，亦难以持久。罗振宇在“罗辑思维”成功后，每天早上 6 点依然坚持用微信公众号发送一段 1 分钟时长的有一定深度的语音内容，作为自己的品牌标签。除了巩固人设，也有刷存在感的目的。

做新媒体就必须打持久战，这不是危言耸听，而是新媒体人的自觉，也是每一个进入新媒体行业的从业者的铁律，除非是那些本身已经在其他领域获得成功，只是将新媒体平台作为自己的一个传声筒的人，如一些商界大佬们会开设个人认证微博。但大佬们又何尝不是在另一个战场里打持久战，以彼处的胜利来为自己新媒体的影响力做最强有力的注脚呢?

如果新媒体从业者无法下决心做到日更式的高质量输出，而只是把新媒体作为内容垃圾的填埋场，那最好早早放弃。

1.3 要成功，必先掌握“第一法则”

古语有云：“一屋不扫，何以扫天下。”关于这个典故，其实有一些争议和歧义，无论是解读为“连一间屋子都不打扫，怎么能够治理天下呢？”，还是解读为“应当以扫除天下的祸患这件大事为己任，为什么要在意一间房子呢？”，都能找到一定的立论点。

但对于新媒体行业来说，“一屋不扫”代表着垂直细分，大到有传统媒体做支撑的融媒体，小到个人单干的自媒体，其立足之本均是垂直细分，也就是先在某个垂直领域建立自己的影响力，才有可能真正地存活下来。

用定位理论来解释更容易理解。美国著名营销专家艾・里斯与杰克・特劳特于20世纪70年代提出，定位要从一个产品开始。产品可能是一种商品、一项服务、一个机构，甚至是一个人，也许就是你自己。但是定位不是你对产品要做的事，而是你对预期客户要做的事。换句话说，你要在预期客户的头脑里给产品定位，确保产品在预期客户头脑里占据一个真正有价值的地位。

基于这一理论形成了“第一法则”：想要在受众心中排除其他竞争者，最好的办法就是成为某领域的第一。人们会记得第一个登月的宇航员叫阿姆斯特朗，记得第一个获得奥运金牌的中国选手是许海峰，但第二人是谁或许就是十问九不知了。

在新媒体领域，这一法则同样有效。哪怕是实力雄厚的融媒体，也有自己的定位。比如上海报业集团创办的两大原创新媒体平台——澎湃新闻和界面新闻，其定位就截然不同。澎湃新闻的创办词中有“专注时政与思想”，界面新闻则旗帜鲜明地打出口号“只服务于独立思考的人群”，其内容围绕商业、财经领域布局。专注点不同，让两个新媒体平台有了完全不同的垂直特征，但这还不是全部。以界面新闻为例，在2014年创立后，其在商业和财经领域的影响力迅速扩张，随后推出了财联社、蓝鲸财经、科创板日报3个移动App，再一次对商业财经领域进行市场细分，以确保每一个新媒体都能更精准地服务特定人群。

融媒体通过有效拆分，让自己的内容垂直化。势单力薄的自媒体更需要做好垂直化，才能存活。或许有些新手会觉得很难理解，垂直化就代表着用户范围有限，如科技类就是小众领域，阅读量破万就很不错了；如果写娱乐类内容，单篇百万+并不难，但商业合作的难度有点高，明星、影视公司未必会上门来寻求合作。如果两者都写，靠娱乐内容赚流量、名气，再用科技内容来求商业合作与变现，岂不是更好吗?

其实并非很好。一方面，人的精力有限，难以兼顾多领域，且一个人的知识面是有限的，很难在多领域同时争取成为顶流；另一方面，各个内容平台也往往要求创作者锁定领域，尽可能减少跨领域内容，以求更精准地触达用户和做好内容分发。说到底，垂直度高，平台推荐概率也会变高，流量和关注度也会发生质变。

但更重要的是，你的粉丝无法接受你跨领域。哪怕你能够多领域产出精品并能持续产出，你的粉丝也未必能够跨领域。在新媒体领域里，粉丝就相当于过去报刊的订户、电视的观众。试想一下，原本是看兵器方面刊物的读者，突然发现刊物昨天还在介绍 AK47 历史沿革，今天就开始连载武则天宫斗历史了，尽管都是历史话题，却如此违和。又或者，观众本来看着金鹰卡通，结果画面一变，台还是那个台，节目却成了电竞比赛的直播，可能受众两者都喜欢，却也未必不会换台。

因此，传统媒体要垂直化，新媒体还要细分得更细致一些。比如六神磊磊，说金庸（杂文）时用一个公众号，说唐诗（知识分享）则用另一个公众号。喜欢他的受众可以两个公众号都关注，也可以根据自己的喜好关注其中某一个，这才能让大家各取所需。2020 年 7 月，六神磊磊在说金庸的公众号上发了一篇《三国定律：千万不能得罪刘备》，结果就传出了一些闲谈："三国演义可能是金庸新著。"言下之意是六神磊磊跑题了。

说得更直白点，无论是传统媒体还是新媒体，走的都是粉丝经济路线，粉丝就是流量的基本来源和影响力传播的基本盘面。那么，请问自己一个问题，粉丝凭什么关注你？或者反过来问自己这个问题，你为什么会关注那几个新媒体？答案或许是，那个新媒体提供的内容能够满足你某一方面的长期需求，而这个需求抓得越精准和精细，你的目光就越会被锁定。反之，如果你觉得自己的需求不被满足呢？取消关注就好了。比起过去要等到年底才能取消续订报刊，取消关注要容易太多了，仅仅是点击一下按钮的事情。

如此简单的事，还是不要让它有机会发生才好。那么，"打算怎么做新媒体？"的第一个答案就是垂直化，争取做到垂直领域的顶流。但如何去做呢？选好自己的垂直领域很重要。

1.4 垂直化到什么程度才合适？有标准

垂直化是做新媒体的第一件事，垂直化做得不好，可能就会失败。如何垂直化呢？许多人认为，垂直极限，从细分领域中找机会才是最好的。

其实不然，垂直极限往往过犹不及。比如选择科技领域，垂直分类可以是人工智能、智能手机、数码测评以及技术科普。但最好到此为止，再细分下去，如专注于人工智能的视觉识别，或围绕苹果公司和其产品进行分析，往往会让自己的内容变得局限，也容易让受众审美疲劳。更何况，垂直化到这一程度，尽管远非极限，但新媒体已经没有多少素材可写，发挥空间也自然小了。此前提到的持续输出这一刚性要求，也难以达成了。

此处涉及如何选定自己的垂直界限，融媒体和自媒体在选择上就出现了分野。以今日头条为例，根据它“创作热点”栏目中的界定，主要是历史、娱乐、文化、财经、时尚、教育、体育、三农、职场、科技、健康、社会、游戏、房产、科学、国际、军事、美食、法律 19 个大类。

这样的垂直度还不够，这样粗略的分类较为适合有传统媒体背景、采编能力强的融媒体。对于自媒体来说，无论是“单兵作战”形态，或是 MCN[①] 机构，这种泛分类不仅在起步阶段不应选择，即使到了相对成熟的阶段，也要尽可能规避。正确的选择应该是

① MCN：是一种多频道网络的产品形态，一种新的网红经济运作模式。这种模式将不同类型和内容的 PGC（专业生产内容）联合起来，以保障内容的持续输出，最终目标为在商业上稳定变现。MCN 机构可以简单地视为由相同垂直领域的内容创作者组成的专业创作团队。

再一次细分，如教育领域可以分为胎教、幼教、小学、初中、高考、职业教育、大学教育，这才是适合自媒体的垂直细分类别。

这就涉及了如何正确找到适合自己的类别的问题。融媒体相对容易，其自身的传统媒体背景早已有了明确的内容定位，只要完成互联网上的适配和转型即可。而对于新手期的自媒体来说，很容易发生误操作。此处提供一个小窍门，尽管每个平台对于财经、时尚、教育等大类的分类方式并不一致，但自媒体有一个最好的参考：新浪。

新浪作为老牌商业资讯网站，有着较为精准的内容定位功能，且在博客、微博时代都是领军者，这使得它所搭建的垂直类目通过迭代和适配，在细化的层级和类目上最适合自媒体。具体该怎么做？

在新浪新闻首页，除去开头的时政和综合新闻类目，接下来则是军事、健康、体育、财经、收藏、房产、汽车、科技、教育、读书、时尚、女性等频道，此谓大类。找到你的目标大类，以科技为例，点击科技频道，进入该页面后，你会看到产业、手机、数码、众测和探索等类别，此谓细分小类。专注于产业经济分析和研究的人，选择产业类目作为自己的垂直领域；有科普能力的人则适合探索这一类目；对数码产品有较为深入的了解的人，则未尝不可选择众测这个类别，以拆机测评来作为自己的垂直领域……如此种种，不再一一列举。

或许很多人会有另一个疑惑，只是垂直化到这一层面，想要从新媒体中脱颖而出，难度仍然极大。毕竟，新媒体早在2000年初期的博客时代就已经逐步发展完善，并经历了微博、微信公众号等多次迭代。

一言以蔽之，这些垂直类目中早已有太多意见领袖占满了山头，哪里还有插足的机会？再垂直细分下去，会自我束缚；停留在当下类目，竞争压力又极大，如何抉择？

答案或许是，“跳出三界外，不在五行中”。其实这就回答了第三个问题：我有什么独特之处，能够让我在这一垂直领域里发光发热，不被别人遮挡？有三种模式来实现：接缝模式、占山模式、风格模式。

不过，在进入这三种模式之前要先做一件事：认识你自己，尤其是要搞清楚自己有什么独特之处，将自己最擅长的本事列出五条，不分类别，了解历史、擅长演讲、能画能唱皆可，最好是比一般人强许多的本事。

1.5 接缝模式：大热门也有“接缝处”

在电视剧《亮剑》中有这样一句话：“战争永远是爆发在参谋部的地图接缝处。”

对于新媒体行业来说，更简洁的说法是跨界，就是在已经火爆的垂直领域中寻找一个没有被过度开发的领域。比如非遗一直都是一个流量聚集地，其用户属性很明确：40 岁以上的文化从业者。而现在，由于传统文化开始成为潮流，这个领域的受众中一下子就涌入了“Z 世代”（1995 年以后出生的人群），传统文化成了一大热门。在这一领域，要么是文化学者在耕耘，要么是时尚达人在引领潮流，似乎门槛就这样定了。

然而有一批人就通过跨界，将文化和潮流融合在一起，获得了快速成功。如阿木爷爷这种讲述中国传统文化的博主借助短视频建立了全新的“影像沟通”渠道——将传统文化场景化，降低了外国人的了解门槛，相继在 YouTube 爆火，成为中国文化出海的一大亮点。

如老木匠王德文靠“阿木爷爷玩木头”视频走红，他的视频累计播放量约 2 亿次，单个视频播放量高达 4 200 万次。在他爆红后，他所在的地方政府火速开发了带有“阿木爷爷”元素的文化长廊和拍摄试点基地。阿木爷爷不只是在讲述中国故事，他本身就是中国故事的一部分。

这就是在跨界的过程中精耕，从而把本来很小的边缘地带扩展成一个巨大的板块，如此一来也就成功了。

文化和潮流这两个领域都是长期被翻垦的地方，但一旦融合，就可能形成新的空地，得到新收获。毕竟，这种嫁接形成了一种混搭而且全新的形态，也就成了“参谋部的地图接缝处”。如果现在的“地图”没有“接缝处”，那就自己将两块“地图”拼在一起，自己制造一个“接缝处”吧。找到它，你就有望引爆关注度和流量！

1.6　占山模式：猴子凭什么当大王？

是否只能走这种寻找“接缝处”的路线呢？其实不然，毕竟前文所说的接缝模式需要个人具有复合型才能，并不一定适用于大多数人，而占山模式更具有普适性。占山模式指的是，在没有爆火的垂直领域里，寻找自己的小世界，用比较常规的方式进行初次开垦，并形成自己的绝对优势。

我个人的经历与选择或许能提供一些参考。我于 2004 年离开媒体，进入网络评论领域时，曾经思考过该如何选择垂直领域的问题。时评领域人才济济，我不够突出；经济报道领域由于专业知识的限制一直缺乏专门的记录者和评述者，但我并不特别懂经济。因缘际会，我进入了游戏评论领域。彼时这一片天地基本上被游戏攻略和故事占据，没有经济类的产业报道和评论。尽管这个角度很刁钻、很小众化，但我当时决定，用一两年的时间来做这件事，成为游戏产业类评论的第一人。

后来，因为没有多少竞争对手，所以目标很快达到。我大量写作，后来的许多传统媒体、自媒体的撰写素材有一部分就源自我的最初创作。因此，很长一段时间里，当有媒体引用我的观点时，我总会被冠以游戏产业评论第一人的称谓。

总之，找到冷门垂直领域，然后快速占山头。在这之后，我亦做过类似的尝试。2009 年撰写网络营销类书籍时，市场上关于网络营销的工具书要么是 SEO 类，要么是纯理论型。而由于我有传播学的功底，又从事过传统媒体和网络推广，因此成为国内第一个出版以内容营销为核心的书的作者。我的《实战网络营销》一书于 2010 年出版，加印、再版多次，用句老话来说，就是填补了市场空白，也就找到了市场。

其实，跨界和寻找新世界从某种程度上来说就可以采用混合的方式。而垂直内容的爆火也同时造成了小众的聚合，由于社交网络有大量用户，小众的聚合就具有了长尾效应。

你能够真正在小众领域影响一千个人，其实不亚于在泛娱乐领域内影响上百万人。比如产业分析聚焦某个特定产业，这个产业的从业者或许只有十万人，如果你影响了他们中的 1/10，你就是大 V。

短视频的成功其实也是这样，先从游戏电竞起家，之后扩展到泛娱乐，再开发更多的垂直领域。这代表用户的需求从简单的图文形式走向更多元的形式。在垂直领域的新媒体可以通过短视频吸引不愿意看文字而喜欢听声音与看画面的用户，满足不同用户的接收习惯和交流方式。这其实都是跨界和深耕，对于内容创作者来说，这不仅仅是多了一个分发渠道，而是拥有了更多聚合粉丝的路径。

占山模式的关键就在于你一定要找到一个合适的山头，既符合你自己的知识储备，又能够影响到你的目标受众。

其实，这一切都是有历史可以借鉴的。中国人有书写历史的传统，煌煌二十四史，汗牛充栋，有司马迁写的《史记》、班固写的《汉书》、陈寿写的《三国志》等。你发现了什么规律了吗？“探险家”的称号属于最早书写历史的那几位。他们把路探索好了，后面沿路而上的，虽然不是山寨者，但也面目模糊。

而这并不代表无人能够翻盘，而且确实有人翻盘了。在民国时期，文化界又掀起了写历史的风潮。这一次，他们换了模式。鲁迅写了《中国小说史略》，胡适写了《中国哲学史大纲》，王国维写了《人间词话》（相当于词史），梁思成、林徽因夫妻合著了《中国建筑史》。

你发现了关键吗？二十四史是关于帝王将相的大历史，那么留给后世文化人的“地图边缘”则恰恰是帝王将相史覆盖不到的地方。

当这些边缘地带也被开发过之后呢？在 1980 年，黄仁宇截取了 1587 年这一看似不起眼的年份，写出了一部畅销几十年的史学名著《万历十五年》。

谁说被开垦过无数次的田野里就没有新的边缘地带或者山头等着你探索呢?

1.7 风格模式：走投无路? 有选择

或许你找不到合适的“接缝处”，目标领域的山头上也都占满了人，这时候该怎么办呢?

这时候就要走出自己不一样的风格了。比如历史类话题一贯是大热门，但每隔几年就会有人成功突围。2006 年，当年明月开始在天涯论坛上连载《明朝的那些事儿——历史应该可以写得好看》，跳出了史书、教科书、戏说三种方式，采用了混搭模式，算是一种“接缝”。但更重要的是，他在文字风格上采取了小说笔法和嬉笑怒骂的糅合，结果一夜爆红。

之后采取当年明月的写作手法的内容创作者极多，哪怕后来者在历史功底或文字水准上皆超越了他，当年明月的领头羊地位再也无法被取代。“领一时风气之先”用来形容当年明月，可谓实至名归。

在 2013 年，花千芳开始在论坛中连载《我们的征途是星辰大海》。他的切入点是近现代史，风格看似和当年明月一样，却另有一种味道，中国战略文化促进会常务副会长罗援评价：“用戏说的手法谈历史，用不恭的眼神看当今，还真是一绝。刚刚接触他的作品时，完全被他侃晕了。”

一个“侃”字，说出了风格，也说明了走红的原因。“侃”中见正能量，告别了过去“侃”字背后的玩世不恭，更是别具一格。

沿用上述方法，之后还能怎么风格化？

2010 年在天涯论坛上，一个名为野狼之风的作者开始创作长帖《小白兔的光荣往事》，用“小白兔”做比喻，串联了中国近现代历史上的一些军事和外交的重大事件，引起了一定的轰动。

有人被长帖激发了灵感。2011 年，漫画作家逆光飞行在各大内容平台上开始连载漫画《那年那兔那些事儿》，并在 2015 年推出动画版，用 Q 版漫画直击观众眼球，立刻获得了更大的关注。

这些历史话题的创作，其实就是通过风格多元化进行突破，有 3 种尝试方式，供不同创作者选择。

1.7.1 换一种口味

换一种品味，或称为细作，即在生产方式上有所变化。比如当年明月和花千芳在已经被翻垦多次的领域换一种风格来展示内容，形成别开生面的效果，也就形成了一种引领潮流的风格。毕竟不是每一个人都能独树一帜地在某一个领域形成独立而权威的意见。很多时候，我们走在前人走过的路上，只不过我们可以把走路的姿势换一下。

再如腾讯设立过《大家》专栏，请来在各领域有建树的一些学者撰写专栏文章。它实质上还是用网络写作的方式，将过去报刊专栏的内容填充进来。好处显而易见，尽管许多受众在网络快餐时代已经不习惯且不喜欢这样略为厚重的内容了，但在互联网的长尾效应之下，《大家》专栏仍能聚集一大批专栏读者的目光。

在互联网中，不一样的口味还是很有吸引力的，这可以被视为一种垂直化。

1.7.2 换一种格式

换一种格式，或称为精耕，即在生产工具上有所革新。类似《那年那兔那些事儿》对现有的文本进行形态上的变化，让漫画粉丝能在不阅读长文的情况下有直观且清晰的体验。或者说，作者做到了：在说历史的人中，漫画画得最好；在漫画作者中，历史解读得最棒。

看起来这和之前的接缝模式有些类似，只不过接缝模式强调在同一形式（图文、漫画、视频）下两个领域之间的结合，而风格模式下的跨界则强调在不同形式中挖掘出新的蓝海。这样的模式在新媒体创作领域已经十分普遍，简单的如在各大内容平台上大行其道的“一张图搞懂某某某”，复杂的则是用诸如 H5 页面或更多的形式来进行诠释，甚至还有人将热门话题创作成歌曲。

1.7.3 换一种视角

换一种视角难度最大，这取决于个人的知识底蕴和技术能力，想要形成风格，是需要有强大的实力做后盾的。

但也并非没有简易方法，有不少自媒体就进行混搭，例如通过一张图或一分钟的视频去概括一部电影、一部名著或一个深奥的理论。

究其原因，除了采用更加戏剧化、戏谑化、唏嘘化等风格外，本质上这种模式很简单：超级浓缩，对内容进行解构，加入全新的注解与诠释，让人感觉到别开生面，甚至产生“这样也可以”“还能这么想”之类的感想。而内容和形式的同步变化就形成了一种新的模式。模式变了，视角也就变了。

读完这一章，回到开篇的三个问题：

为什么要做新媒体？

打算怎么做新媒体？

我有什么独特之处？

别急着得出答案，带着问题，我们先进入新媒体写作的实操之旅。边学边想，更容易“打通任督二脉”。

第2章 标题

不能光吸引，更要促转发

“读标题的人是读正文的人的5倍。”被誉为“广告教父”的奥美广告公司创始人奥格威先生曾提出这一条经典理论。

然而，这个理论在新媒体时代已经不再适用。奥格威所处的时代很难做到精准统计，所以他预测阅读标题和阅读正文的人数比例是5：1。可能他是基于十分优质的内容，抑或在媒体信息量并不太多的前提下，做出上述判断。对于新媒体，在信息爆炸的当下，这个比例能够达到10：1，其实已经是非常好的数据了。

如何取好一个标题，成了新媒体创作的第一道关口。毕竟，内容再好，没人点开阅读都是白费工夫。本章将重点解决三个问题：

- 标题怎么取，才能引人点击？
- 标题怎么取，才能让人转发？
- 标题怎么取，才能有新粉丝？

这三个问题也遵循循序渐进的原则。我们先从新手模式开始，一步步地把创作标题的基础打牢。

✪ 2.1　最好别照搬传统媒体的经典标题

曾担任过新华社记者的六神磊磊谈及自己做新媒体的感受时说道，做了新媒体才知道，有时候为了写好一个标题，会反反复复折腾许久，写出几十个标题来。

做记者写稿的时候同样要写标题，为何他在谈做新媒体的工作时才会有如此感受？说实话，我之所以记得六神磊磊这段话，恰恰是因为感同身受。我也是新闻专业科班出身，曾经做过《香港文汇报》驻湖南记者。2004 年开始写博客后，我发现自己越来越不会写标题了。

其实，报刊的标题模式和新媒体的标题模式，可以说是同而不同，不能照搬。报刊的标题特点主要是言简意赅，也就是用十几个字把最重要的事情说出来。以 2020 年 9 月 1 日《三湘都市报》和《三秦都市报》的本地新闻标题为例：《三湘都市报》头版最醒目的本地新闻标题是《长益扩容高速全线通车》;《三秦都市报》头版最醒目的本地新闻标题是《“西安蓝”刷屏朋友圈》。而在《三湘都市报》的微信公众号中，可以找到关于长益高速的同一条新闻，标题则变成了《湖南人看过来！长益高速扩容工程正式通车！另有 6 条高速公路开工！》。同样在《三秦都市报》的微信公众号中，“西安蓝”的新闻标题改为了《刷屏了！今天西安的天撩咋咧！一夜入秋，接下来要注意……》。

标题的变化可以说非常明显，直观上有三点变化：一是变得更长了，二是语言风格变得更口语化了，三是都改成了三段模式。变化的关键在于第三点，这是报刊新闻标题与新媒体标题之间最容易形成差异的地方。

传统新闻标题一目了然，许多人看了标题就大致知道是怎么回事。如长益高速通车了，“西安蓝”出现了，这些都是该新闻最重要的事实。报纸的受众看到标题之后购买报纸，消费目的就已经达成。同时，大多数标题下面就是正文，也不存在受众打开率的问题，顺势读下去即可。此外，受限于报纸的篇幅，许多报纸的标题不宜过长，哪怕是都市报。过去也出现过报纸标题特别口语化、冗长的情况，但这是少有的特例。

从视觉上看，纸媒的标题和内容在同一个平面上展示，但新媒体只能将一个标题展示在用户面前，标题和内容分别属于不同的页面，这是造成标题不同的根本原因。如果不能吸引用户点开，那么新媒体的工作就失败了。而如果选择使用纸媒的标题，由于标题已提供了核心信息，用户一看标题就知道内容要讲高速通车，天空更蓝了，也会失去点开的欲望。

于是，新媒体为了促进用户完整阅读内容，必须具有更强的吸引力。高速通车稿件则将“湖南人看过来”和“另有6条高速公路开工”两个要素植入标题中，明确地域特征，并具有强烈的心理暗示：“湖南人必读的内容！而且到底是哪6条路开工，会不会经过自己的地界，都是未知数，必须点开了解一下。”“西安蓝”的稿件也是如此，相对于报纸一目了然的标题，新媒体在标题上压根没提“西安蓝”3个字，反而是用“刷屏了！”告诉受众这件事很重要，以“撩咋咧”这样在当地代表“好极了”意思的方言进一步激发好奇心，引发人们点开阅读。

此外，为了使受众不会看了开头就放弃，两者都在标题里设置了吸引用户阅读到文章末尾，以提高阅读完成率的“诱饵”，即高速通车稿件中“另有6条高速公路开工”的信息和“西安蓝”稿件中“接下来要注意……”这样的温馨提示。

不难看出，即便是传统媒体都没有偷懒，没有把现成的稿件标题直接用到新媒体上，而是另起炉灶。新媒体人还能偷懒吗？哪怕是拿过各种新闻奖的好标题，也不建议直接用在新媒体上。

2.2 收藏几款标题制作工具

每一类载体的标题都不一样，新媒体的标题写作也有许多技巧。但在学习技巧之前，不妨先认识几款能够辅助标题写作的工具。

2.2.1 百家号标题制作工具

百家号内容平台提供的标题制作工具嵌入在发文功能中，具有百度搜索功能的典型特征。路径为：百家号→发布→图文→右侧工具栏“素材推荐”→搜索关键词。

例如，若内容与华为手机有关，那么在关键词中输入“华为”，下方就会出现标题范例，如《美国制裁华为时华为在干什么？答：他们在向美国“偷师”》，并有标注说明这是由“第一管理学派”创作的标题。

而且，标题范例来自之前该关键词搜索结果下中经百家号判定为优质的爆款文章。如果推荐的标题不合适，点一下“换一换”就会出现下一个标题：《终于！华为传来重磅消息》。当然，有时候只搜索一个关键词，出现的结果可能不符合要求，但一篇文章会有多个关键词，多搜索几个即可。

这一标题制作工具主要是根据关键词来推荐已有的爆文标题，供创作者参考，因此很容易打开创作者的思路。其缺点是推荐的标题数量较少，且不少关键词在搜索后并不会出现推荐标题。

2.2.2 人民智作标题制作工具

与百家号类似，人民网作为国内主流媒体，也创建了人民智作平台，并提供了人民智作创作工具。人民智作创作工具具有智能生成文章标题、文章质量检测、爆文分析查询、热点热词等功能。用户只需输入 2~3 个关键词，再点击生成标题，系统就会智能生成合适的标题。

此平台的整体体验和百家号接近，但也有区别——在关键词方面，人民智作建议“关键词数量以 2~3 个最佳，关键词越多，生成的标题量越少，越符合具体的要求”。

2.2.3 更多的工具

类似这样的工具在网上还有许多，下面简单列举几个。

1. 自媒体内容聚合网站自媒咖。它通过聚合大量自媒体内容，制作了一个爆文标题助手，帮助用户一键生成标题。

2. 做新媒体账号管理工具的乐观号。它除了能一键生成标题外，还汇总了各个领域的爆文标题，让用户跳出关键词，通过直接筛选标题和改写来快速创作。

3. 提供爆文标题生成器的易撰。它可以反复提供标题选择，直到用户满意为止。

当然，这些标题制作工具对于真正的新媒体从业者来说，只是一个在灵感枯竭时用来开启思路的工具，其最大的意义在于快速检索和借鉴，但要真正取一个好标题，还需要发挥自己的想象，靠自己去创作。

2.3 标题为何越来越长，还要分三段?

很多人在开始新媒体写作的时候，都有两个困惑：

一、为何大多数内容分发平台都会给出 30 个字的标题限制，而很多爆文标题恰恰都接近 30 个字?

二、在某主流内容分发平台填好标题后，友情弹窗会提示："推荐使用三段式标题，更容易获得高点击率"，并附上三段式标题优秀案例。为什么标题要分三段?

我和不少内容创作者进行过交流，大多数人对这两个问题都无法做出解释，但仍选择照本宣科地去执行。实际上这两个问题需要搞清楚，否则就容易被带偏，从此走上标题套路化的歪路。

搞清楚的好处是，知道规则，也知道背后的原因，才有可能创作出有自己风格的标题，让人记住你。毕竟，在套路化的标题泛滥时，如果跟着套路走，就会被淹没，所以标题必须有亮点。

2.3.1　为什么标题越来越长了？

在传统纸媒中也有超长标题，甚至三四十字的标题也有过，但那是极个别的例子。

新闻标题讲求言简意赅、一目了然，受限于版面和传播工具的特性。特别是通讯社稿件的标题，由于早期采取电报方式通讯，字多则价贵，且传播缓慢，所以标题越短越好。在互联网新闻发展初期，由于在 PC 端界面呈现，所以各新闻网站和博客平台既有版式的设定，也有对字数的限制。同时，为了在屏幕内尽可能多地放置信息，它们大多采取一行三板块的结构，由此也使得 PC 端的互联网新闻和内容分发，包括博客、论坛等早期互联网内容平台的标题，趋近于传统报刊标题。

在移动互联网时代，一切都发生了变化。排版变成一行一行的内容按顺序排列，这使得标题的长度能得到有效的释放。至于为何大多平台仍把字数限制设定为 30 个字符（也有限制在 26 或 36 个字符的分发平台），这就依然与客户端的版式设定有关。

字数限制的放宽，让标题有了更多的灵活性，方便植入更多的关键词，刺激用户点开。如前文所述，《三湘都市报》的标题《长益扩容高速全线通车》，在字数受限的前提下，确实难以有过多的变化；但在移动端字数限制放宽后，就有了足够大的空间，可以变成《湖南人看过来！长益高速扩容工程正式通车！另有 6 条高速公路开工！》这样既接地气又能吸引用户点击阅读的标题。

我做了一个统计。2020 年 8 月 1 日起，《人民日报》公众号推送的前 20 篇文章，平均每篇文章标题为 23 个字；游研社公众号推送的前 20 篇文章，平均每篇标题字数为 24 个字；短史记公众号推动的前 12 篇文章，平均每篇文章标题字数为 22 个字。也有标题字数很少的公众号推送文章，比如杜蕾斯公众号在 2020 年 8 月推送的文章大多是一段式标题，最长的标题是两段式，有 20 个字，另外有一个三段式标题，加上标点共计 11 个字；六神磊磊读金庸公众号也类似，大多是两段式或一段式标题，字数为 6 到 16 字不等，短的如《乔峰的男朋友》，长的如《六神磊磊：真想把周芷若配给杨康》。

2.3.2 为什么建议标题分三段？

创作新媒体标题时，很多人喜欢使用一个公式，即“，，！”或“，，？”。简而言之就是三段式标题：是什么，为什么，怎么回事！（怎么办？）。

事实上，标题分三段是标题字数限制放宽后的必然结果。过去往往只需要用一句话说明内容，如 2020 年 9 月 5 日《南方都市报》A14 整版的标题为《〈信条〉“看”迷观众》。标题言简意赅，受众一看就知道，该新闻讲的是 2020 年 9 月 4 日上映的电影《信条》引起观众热捧。虽然这样的标题在纸媒上属于好标题，但它并不适合网络媒体，因为没有吸引力，缺乏使受众深入阅读的动力。这一点在前面已经分析过了。

其实，纸媒也有自己的法则，也会用三段式标题，即标题最多可以切分成三种结构——引题、正题和副题。引题用来揭示消息的思想意义或交代内容背景，也就是为什么；正题用来说明主旨，即是什么；副题用来提示报道的事实结果，起到诠释作用，即怎么回事，或怎么办。如报道《信条》的新闻，就用了一个引题“豆瓣评分 8.3 分，首映日票房超 5000 万”。这其实说明新媒体三段式标题发源于传统媒体的引题、正题和副题三段标题形式。

那么，把这条新闻呈现在新媒体上，应该如何取标题呢？以下三个标题来自新媒体。

诺兰《信条》口碑爆棚，豆瓣评分 8.3，网友直呼：至少三刷才能看懂

《信条》首映日，配乐一出来，就知道这个男人要搞事情了

《信条》音效太猛，影院玻璃都被震裂了！杭州首映场也出了小意外

显然，三段式标题在新媒体上会更有吸引力，且关键点在于第三段，受众看完第三段标题后，心中往往会出现一个疑问：怎么回事（怎么办）？于是便迫不及待地点开文章。

因此我们归纳出了新媒体标题的创作目标：通过标题让受众感受到自己认知上的“缺口”，进而为了填补缺口而阅读或观看，满足获得感。

明白了这一点，就不难发现，三段式标题也好，长标题也罢，都只是标题的一种形式，是达成这一目标的载体，而非照本宣科的规则。只有打破规则，标题在受众面前才有存在感，博得受众的喜爱。

2.4 起步五大公式，目标十万 + 点击

新手起步需要用公式。三段式标题的公式显然不够用，而且

太笼统。真正要取好标题，就需要跳出所谓三段式的套路，去挖掘更吸引眼球的标题。

当然，好标题的前提是不能文不对题，否则，只能获得一时流量，无法吸引人的长期关注。

标题的核心是触动受众的探求欲望。因此，我们可以用 5 种公式来进行标题创作。

2.4.1 提问式：有这事 + 为什么 + 怎么办

此类标题通过提问的方式引发人们的探求欲望，是新媒体内容创作中较为常见的手法。把《纽约时报》杂志中最受欢迎的一部分文章汇总后，就会发现绝大部分文章都是提问式标题。我们看下面的例子。

百亿级的无糖茶饮市场背后，存在哪些投资机会？（吴晓波频道公众号）

罗胖 60 秒：为什么要“认命不认输”？（罗辑思维公众号）

求职季不投简历，这批年轻人凭什么靠拍短视频就能谋生？（人间像素澎湃号）

上述标题都是提问式，其中，采取两段式标题主要是为了提高吸引力。由此，我们可以得出提问式标题的公式：**有这事 + 为什么 + 怎么办**。

让我们继续通过一些例子来看看提问式标题能有多大的吸引力。

想清理“僵尸好友”却泄露个人信息，微信清粉骗局何时了？（界面新闻）

涉嫌造假，创始人辞职，卡车界的“特斯拉”要凉了吗？（界面新闻）

58 热衷改名背后，就能拯救自身命运吗？（松果财经）

此外，提问式标题还有一个特点，即话题未必和大多数人有关，甚至属于小众垂直类话题。比如上述关于卡车界“特斯拉”和 58 同城的话题，真正会关心这两个公司命运的大多是产业圈的相关人群。回想一下前文的无糖茶饮，又何尝不属于小众话题呢？

不过，加上一个提问后，辐射的人群或许就会扩大，因为问题很容易激发人们的好奇心。如果换成其他形式，比如将提问变成叙述：

涉嫌造假，创始人辞职，卡车界的“特斯拉”要凉了

58 热衷改名背后，为了拯救自身命运

标题的吸引力一下子降低了许多。由此，我们可以得出一个结论：提问式标题比较适用于大家不太熟悉的小众话题。

此外，人在听到违背自己常识的事情，或者说当别人询问自己的意见时，都会产生深入思考和寻找问题答案的欲望，产生继续把文章看下去的冲动，因此用提问的方式来达成这种目的，也是一个不错的选择。

2.4.2 速成式：有多强＋要多久＋教你做

速成式标题其实是针对当下人群普遍存在的焦虑感与焦虑问题提出一种破解方案。所谓速成，就是提供一个快捷的方式，让你快速掌握基本知识。这样的标题非常符合特定人群的需求。当然，对于不焦虑的人来说，作用就不大了。举一些例子：

全世界推崇的健身，只有 4 分钟？！家里也能练！

我只用了这 16 招，3 天吸粉 5000 人

他只用了 10 分钟，就拿下 500 万投资

这 3 个标题分别对应的是健身或瘦身领域、新媒体写作领域和创业投资领域。但速成式标题也有局限，即这种标题吸引的大多是有成长焦虑的新手，提供的内容大多是初级知识，对于资深人士并无太多的吸引力。

其实也并非绝对。比如《3 分钟教你调出王家卫电影色调》《3 个小窍门，让你的“图片”会说话》，文章内容都是技术达人研究出的快速解决某个具体问题或达成某个具体目标的方案，也会吸引一些专业人士。

因此，我们总结出速成式标题的公式：**有多强＋要多久＋教你做**。

同时，我们也能发现速成式标题适合于大众普遍感到焦虑的话题、一些需要花一定时间学习的内容及针对资深人士的某一个具体问题的解决办法。

速成式标题通常适用于一些浅显的内容科普或小技巧的应

用，但也未必不能深入，只是一定要讲明方法和技巧在很短时间内就能学会。比如我早前用过这些标题：

只需 2 分钟，一个冷寓言，让你洞穿 O2O 真相

从神话变童话！7 分钟，你能把自媒体看通透

分分钟让你搞懂，VR 和 AR 这么高大上的名词

5 分钟搞懂自媒体头像怎么选！一周换 7 次，还要会卖萌

8 分钟分清，二次创作与二度创作！背后有个亿级内容创业金矿

偶也要像！十分钟看完四十年中国偶像“创造”史

不过，我在使用速成式标题的时候有一个原则：只在有双标题发布功能的内容平台上使用，并且把这类标题作为第二个标题。原因是这样的标题多少有点高不成低不就。对于没兴趣的人来说，怎么标榜速成效果都没有用；而对于有兴趣且有一定水平的人来说，没多大吸引力；对于跃跃欲试者和初学者来说，这类标题才是有用的。我的此类内容创作大多是走深度分析的路线，反而容易因标题显得内容肤浅。

为了避免显得肤浅，还可以用下面将要谈到的指南式标题，如《亿级金矿“二次创作”解读背后的侵权与创意的正确姿势》《自媒体选头像吸粉有技巧！萌萌哒只是起手式》，又或者是揭秘式标题，如《40 年偶像消亡史：山口百惠、高仓健及小鲜肉们》，把文章内容真正锁定在对相关话题有强烈兴趣和能够进行深层次阅读的人群。

2.4.3 指南式：谁能看＋如何看＋有好处

指南式标题可以视为速成式标题的进阶，目的是为更多的人群解决困惑、提供方向。这类标题指向性明确，针对有这方面焦虑的人群给出一套成熟的方案。由此可见，指南式标题的文章内容其实类似于知识分享，而且作者要有一定的干货。举一些例子：

诺贝尔经济学家的思维精华，都被塞进这本书（吴晓波频道公众号）

特许金融分析师手把手教你选择适合自己的保险（罗辑思维公众号）

一份让"拖延症患者"立马行动的方案(三联生活周刊公众号)

如何让艺术"懂"你？（未读澎湃号）

很显然，这些文章来自有相当影响力的新媒体，并且都以干货为立足点，并在标题上对受众进行了定位。走财经分析路线的吴晓波频道用诺贝尔经济学家的理念将受众定位成经济领域的求知者；走知识付费路线的罗辑思维用选保险的困惑来瞄准用户；三联生活周刊的文章标题带有"拖延症患者"，受众定位就更加明确，很多人都可能把自己当成在某方面有拖延症的"患者"。由此，我们能得到公式：**给谁看＋如何看＋有好处**。元素的顺序不是固定的，但三个元素一定要有。

"诺贝尔经济学家""特许金融分析师"这类词语强化了权威性。"这本书""手把手教""立马行动的方案"这样的词语则表现出改变现状的方法。因此，我们看到，较之速成式标题，指南式标题显得内容更有深度。由此，我们还能看到指南式标题的另一种作用：带货。

比如罗辑思维发布的《“最聪明”的那群人，到底在做什么？》，这样的话题用一篇万字长文也很难概括，反而容易变成名人名言的语录式集锦。创作者罗振宇也没有在文章里说太多，只说一切都在他们平台发售的某本电子书中，之后就是图书的简介和精髓了。

又如，游研社的《有了这本〈魔兽世界〉食谱，你也可以把艾泽拉斯美食搬进自家厨房》，直白地给出指南：买了这本食谱才行!

类似的还有三联生活周刊的《小小香片，送蛀虫安详去世》，界面新闻的《又是开学季，数数那些带给我们美好生活的文具》《降噪体验硬刚直升机噪音？我们上手体验了华为 FreeBuds Pro》，也是显而易见地在带货。

不过，三联生活周刊的这篇《对不起，懒人神器根本满足不了真正的懒人》并不带货，而是揭露了懒人神器不靠谱的真相。

2.4.4 揭秘式：有数据 + 有垂直 + 有道理

揭秘式标题的核心是颠覆人的日常认知，或者从不可能中挖掘出可能，又或者是提供你完全不知道或感到陌生但乐意接收的信息。例如：

如何靠打工实现年薪百万？我们用数据帮你探探路（DT 财经公众号）

95%！黑医美≈毁容？（新浪科技公众号）

人手一杯奶茶的时代，广东凉茶真的要凉了（界面新闻公众号）

很明显，揭秘式标题给人一种想要一探究竟的驱动力。如靠打工实现年薪百万的话题，如果用速成式标题，只怕很难服众，而用数据探路，就可以让人感到有可能从中找到属于自己的路。

而且，标题中要设置垂直话题，如打工、黑医美、饮品，用垂直话题来留住目标群体，顺便排除非目标群体，以免用户无效阅读或看了开头果断放弃。这一点很重要，许多平台会用算法，即根据用户的阅读完成率和话题垂直度来判断文章是否要继续推荐，或推荐给哪一类人群更合适。

另外，在讲“黑医美”和“某地凉茶”的文章标题里，也有数据类的信息，即“95%”和“人手一杯”，这样的信息除了强化标题的冲击力外，也能够形成一种公信力，让人有理由相信这不是一篇“忽悠”人的文章。

由此，揭秘式标题的公式是：**有数据**+**有垂直**+**有道理**。

那么，揭秘式标题除了针对一些社会关切的问题以外，还可以用在哪些内容上呢？答案可以是历史、娱乐、科技、体育等，甚至是产品测评。例如：

秦朝二世而亡是因为制度问题吗？（铲史官公众号）

王思聪打造的“网红宇宙”是怎样一门生意（贵圈—腾讯新闻公众号）

关于咖啡的10个真相，第6个吓到我了（猫大夫医学科普

澎湃号）

为什么有这么多真无线耳机长得像 AirPods？（爱范儿公众号）

泡面为什么一定要泡 3 分钟？万万没想到，竟是利用这个特点（科普中国公众号）

哥特风格原属阿拉伯世界？建筑文化战争的历史秘密（界面新闻）

我更喜欢这则标题：《为了发明治抑郁症的良药，研究者没少抑郁》。这是一篇发表在返朴公众号上的科普文章。作为科普文章，它的内容其实有些枯燥，里面有大段的化学方程式、各类药物名称和绝大多数人都不认识的医学专家的姓名。虽然科普文章需要保证一定的严谨性，标题却让人浮想联翩，采用对比的方式告诉大家，为了发明抗抑郁药，研究者都快抑郁了，说明了科研成果的来之不易和研究者的钻研用心。

尽管我在阅读文章的时候跳过了前面两三千字的专业描述，直接翻看了后面关于研究团队抑郁的故事，但至少我记住了：有一批人，为了一种药，抑郁了，也奋斗了。如果标题是《你不知道的抗抑郁药的诞生全过程》，则可能被人选择性忽略。

另外，这个揭秘式标题运用了对仗和对比的手法，大多数受众就算没有点进去看，也很容易记住这个标题和它要描述的核心事实，而不会选择性忽略，因此这也在一定程度上达成了大范围传播的目的。至于能静下心去看的人，本来就是专业人士，也是目标受众。

2.4.5 大咖式：有大咖 + 真有关 + 你有用

大咖式标题的套路其实很简单，即有效地蹭热点，甚至找到热点中不一样的地方。比如标题为《马化腾、马云、雷军，3 位互联网大佬给你 6 个创业忠告》，就比《互联网行业大佬的创业指南》这样的标题更有力度。显然，“马化腾、马云、雷军”都极有辨识度，而“6 个创业忠告”则暗示内容不是泛泛而谈，而是经验之谈。

大咖式标题的公式很简单：**有大咖 + 真有关 + 你有用**。阅读关键点不是名人或热点，而是文章的内容真的有用，否则就只是一篇猎奇文章，或许阅读量会不错，但乐意持续关注的人就不多了。

我在创作中也喜欢用大咖式标题，马云、雷军、乔布斯的热度都蹭过。关键在于标题和内容确实相关，不过科技互联网产业的话题比较垂直化，因此“有用”这个概念就不能过于功利化了，而是要以理服人，且要与众不同，让人有获得感。

下面拿我蹭马云热点的文章标题举例：《帮马云回首富？ A 股史上最大 IPO ？错，蚂蚁要做“资本吸尘器”》这篇文章说的是蚂蚁科技上市的前景预测，即一旦上市，马云可能重回首富的位置，因为蚂蚁科技可能吸纳大量游资，就如当年余额宝将碎片化的用户资金聚沙成塔一般。

《不再卖唱！马云谢幕前的决定，能助网易云音乐抵挡住腾讯音乐吗？》这篇文章中，马云只是话题的引子，配上他卸任前在阿里巴巴 20 周年年会上朋克造型的献唱照片，写出阿里巴巴参与在线音乐竞争，并从自营到改弦更张，与网易云音乐合作的原委和未来。

《从马云语录到马云食言，阿里的跨界真相就是嚼“草根”》这个标题勉强算是大咖式标题，因为文章内容主要是通过分析马云语录和马云的食言而肥来说明阿里巴巴的各种扩张缘由，顺便破除普通群众对马云语录的迷信。

2.5 进阶三原则：占C位、有事实、高预期

或许有人会说：“一口气给出五个公式，我都不知道该怎么创作了。每种公式都想用，可就只能发一到两个标题。”

其实，不管是什么公式，都要记住一点：最重要的信息一定要放在最前面。

2.5.1 占C位：一定要抓住三个“最”

新媒体标题一般只能承载30个字符，最好不要用尽，毕竟在用户的手机端上，如果标题过长，末尾的文字很可能会以“……”的形式被隐藏。此外，标题的开头才是最先进入用户视线范围的部分，越往后的内容越不容易被关注到。如果不把重要的信息放在开头，可能你铺垫了半天，用户却没看下去，而是果断跳过了。因此，最前面的内容必须是三个“最”之一：最重要、最有味、最震撼。举一些例子：

天下武功唯快不破，高超音速武器为何难以防御？

太烧脑！引力波首次发现质量“禁区”的黑洞

上海工厂禁韭菜？某拉副总裁陶琳：食堂有韭菜饺子

这三个标题各有千秋。第一个标题里，“天下武功唯快不破”是全文的观点，也是画龙点睛之处，因此是“最重要”的，也是主要内容。因此，“最重要”指的是内容的“魂”。

在第二个标题里，内容的“魂”是一个事实，即“首次发现”，这是最重要的。但标题的编撰者还补充了一个“太烧脑！”，目的是告诉用户，这件事最吸引人的地方是它很烧脑。因此，“最有味”指的是内容的味道和阅读可能带来的感受。

第三个标题是用“上海工厂禁韭菜？”这么一个传言来给人带来震撼，而文章最重要的内容其实是企业辟谣，最震撼的是传闻和事实之间的出入。因此，“最震撼”指的是内容的反常之处。

当然，最重要、最有味和最震撼也可能同时出现在一个要素上。

三个“最”中的哪一个放在C位，要看创作者的设定和想法，但原则上占C位的元素必须是最有吸引的。

2.5.2 有事实：一定不能短斤少两

有事实，就是题文契合。

有很多点击量高的换皮型热门文章，就是题文两张皮的模式。如一篇题为《马化腾再“模仿”，可这次迎来的是一片喝彩？网友：为阿里点赞》的文章，标题植入了“马化腾”“阿里”，造成了悬念：阿里巴巴的创始人不是马云吗？尽管这个题目是一个病句，但也带来了可观的点击量，然而打开正文一看，就感觉很不对劲了。文章开头说腾讯模仿支付宝推出了微信支付，所以要为阿里巴巴点赞。这个观点其实站不住脚，毕竟在互联网金融行业发展的大潮下，这种竞争谈不上模仿，而是潮流驱动。为了佐证这个站不住脚的观点，作者随后又称腾讯“模仿”阿里巴巴颁发了科学探索奖、马化腾“模仿”马云奖励了夺冠的女排选手300万元。结果，整篇文章800余字，最后也没说明白要为阿里点赞什么，马化腾又迎来了哪种喝彩，却在文末不痛不痒地补充了一句：“不少网友表示：为阿里点赞，也为腾讯点赞！”

显然，被标题引导、带着期待而来的用户，看完全文会有被欺骗之感。尽管从数据上来看阅读量不错，阅读完成率也同样不错，但后果是，已关注的用户或许会取关，未关注的用户说不定还会按下投诉按钮。

对于一个想要长期运营新媒体的内容创作者来说，这样的玩法虽然一时有效，却难长久。

2.5.3 高预期：一定不能高开低走

高预期，简单来说就是要给人一个想象空间，或者说弥补用户的信息缺口。

前文的《马化腾再“模仿”，可这次迎来的是一片喝彩？网友：为阿里点赞》从表面上看，已经完美达成了三原则——最强的事实占了C位，即马化腾“模仿”；而到底为什么给两位马先生点赞、喝彩，可以充当预期。前面已经说过，这篇文章的题目和内文关联不大，从标题中给用户的高预期，在内文中其实并没有被满足，因此它只是在形式上套用了公式。

我有一篇在百家号、头条号等多个新媒体上均达到百万+阅读量的文章，标题是《“美国封杀中兴”事件，有可能演变成一场反围剿》。从形式上看，这个标题显然没有运用三段式，但从三原则来看，占C位的是封杀事件，且全文内容就是围绕这一事件展开评述，而“反围剿”则提供了一个高预期，让人很有代入感。

反围剿对于用户来说是熟知的，而形象的类比能让用户更迫切地想知道反围剿是如何达成的。如果文章能对此进行详细论证，且内容深入浅出，则用户会乐于传播和互动。反之，如果只是纯粹鼓吹口号，就可能被诟病甚至取关，对新媒体真正需要长期保持的声誉损害极大。

这也符合行为经济学的概念“缺口理论”，即当人们想知道一件事情，却未能实现的时候，就希望去摆脱这种痛苦，将这个“缺口”填满。标题就起着这样的作用，让用户发现自己存在“缺口”，从而去填补它。举一个例子，《这个夏天，“裤褶”决定男人的江湖地位》这样的标题会让男性用户发现自己存在“缺口”，即裤褶这样日常所见的东西，还能影响自己的存在感，需要了解一下才好。

总而言之，标题如果违反三原则，越花哨越会适得其反。至于三原则该如何具体运用，则要在熟悉五个公式之后，跳出框架，去运用代入感三种模式。

2.6 代入感三种模式，与受众强共情

显而易见，在题文相符的前提下，三原则中有事实这一点就已经满足了，接下来则是将占C位和高预期进行结合，达成让用户点击阅读这一目标。这种结合可以用一个词来形容，即“代入感”。让用户有代入感，就容易使用户在接受正文信息时，有更为强烈的获得感，从而能持续关注你的自媒体。

如何产生这样的代入感呢？如果说构思标题时起步有五个基本公式的话，那么要想增强标题的代入感，则可以运用三大模式，让标题自带流量。或许有人会问，为何不将三个模式与前面的五个公式放在一起，形成八大公式呢？我的回答是：五个公式属于机械式的模仿和套用，练习之后还要掌握标题三原则，才能进阶到三种模式，否则又会变成机械式的效仿，使标题失去神韵，也就是画虎不成反类犬。

代入感的核心是刺激用户产生共情，激发其传播的意愿。所谓共情，指的是同感、同理心、共鸣等，就是直击用户痛点。

前面提到的起步五个公式和进阶三原则，大多仅能够促进用户阅读，而如果能直击痛点、引发共鸣，会让用户有感而发，或许参与评论，或许直接转发。

2.6.1 冲突式：你知道 + 你不知 + 想知道

有些总让人欲罢不能的影视剧和小说，其核心就在于有冲突不断的情节。如果情节平淡如水，可能很多人会难以忍受。如西

方戏剧，采用了结构上的“三一律”，即同一天、同一场景、同一主题，目的是将所有的冲突压缩在一场短暂的舞台演出中。标题同样可以用强烈的冲突来引人注目，比起有充足的虚实空间的戏剧，新媒体标题虽然发挥空间不大，但也同样可以用30个字符来表现冲突。

下面这个例子是百家号2020年8月10日至16日的优选内容：《红得发紫的康震，因“云想衣裳花想容”被大教授质疑，他错了吗？》。这个标题中的冲突在于知名学者康震和大教授之间的学术争论。如果是其他学者，或许难以引起关注，但康震经常出现在各种文化类综艺节目中，因此在学术圈以外具有相当大的影响力。而“质疑”足够让人产生期待，而且是被某个大教授质疑，这人到底是谁？质疑是否有根据？都是文章标题能吸引我们的地方。同时，最为关键的是，被质疑的诗句是大多数人所熟知的名句。

假如换一首冷僻的诗词，效果会很一般；假如换一个被质疑的人，没有学者般的知名度，效果也会很一般；假如没有最后一句“他错了吗？”，而是以“质疑”二字结尾，冲突感没那么强，效果也将变得一般。

按照五个标题公式的定义，这个标题其实是提问式和大咖式标题的结合版。

接下来看另一个标题：《没有防伪技术的古代，是如何保证银票的真实性的？专家：放大看看》。

标题带有揭秘式标题的特点，即揭秘古代如何验证银票的真假。不过，古人检验银票真伪的问题又关今人何事呢？因此，这样的内容显得缺少与现代人的相关性，除非读者喜欢获取知识，而且还是获取特殊领域的知识。为了解决这个问题，标题用“放大看看”这四个字制造了冲突，告诉读者：尽管文章内容是冷知识，但了解它也不费劲，只要“放大看看”就能学到，所以千万别错过，来学习一下吧！因此，这个揭秘式标题的冲突感制造得很好，也带有指南式标题的特点。

再看一个示例：《郑州仅存的2个真古迹，相距500米没门票，冷清得让人心疼》。

这个冲突感很明显：仅存的真古迹，没门票，还冷清，有一种苍凉的感觉。而代入感是在“郑州”二字上，这划定了读者的范围，即郑州旅游爱好者。而这种古迹无人问津的苍凉感也很容易让受众产生共情。

又如澎湃新闻的一则推送：《网红筋膜枪能减肥？小心交“智商税”》。

在2020年筋模枪是网红产品，许多知名自媒体都推荐过，许多白领还把它当作自己身份的一种象征，在微信朋友圈里刷存在感，冲突由此而来。由于营销上的误导，这个原该用于提高按摩效率、放松肌肉的健身产品，在电商平台上被打上了“治疗疾病”“减肥塑形”的标签。

澎湃新闻在标题中直接展示冲突：能减肥？是智商税。很显然，标题给出了定论。作为一个有新闻资质、口碑很高的顶流融媒体平台，澎湃新闻是有公信力的，这也使得这样一个带有强烈冲突感的揭秘式标题极具穿透力。

由此，我们能得到冲突式标题的模式：**你知道＋你不知＋想知道**。

说得简单点，就是从人们熟知的内容（诗词、银票、郑州有古迹）中，引出大部分人未知的内容，然后用话术给人一种渴望知道的急迫感。

2.6.2 对比式：你知道 + 强中强 + 碾压级

表面上看，对比式和冲突式在词义上有共通之处，很多时候冲突也是一种对比。实际上，标题创作中的对比式标题，更强调正反对比、是非对比，或者通过人物、事件之类的对比，让人感觉对比是非黑即白的，但又需要深入了解才知其详情。

同样是一篇百家号优选内容的标题：《票房 1900 万，上映 7 天换网播，不是每部国漫都能成为〈哪吒〉》。

文章对比了《哪吒》与某部新上映的国漫，而结果是后者票房为 1900 万，谈不上惨淡，但也说不上好。通过对比，这篇文章指出为什么某部新上映的国漫不能成为像《哪吒》这样的佼佼者。这个对比带有明显的复盘意味，能够给希望国漫复兴，特别是热爱动漫的粉丝带来一种了解详情的迫切感。如果没有做好对比，这篇文章很可能就无人问津了。

我有一篇曾发布在头条号上的文章，标题是《比尔·盖茨噩梦，乔布斯偶像！玩转百亿硬件的跑路之王高司令》。这篇文章最终收获了 1.5 万次展现、714 次阅读和 1 条评论。也就是说，当这个标题在 100 个人面前展现时，只有 4 个人点开阅读，非常失败。

从表面上看，标题里有比尔·盖茨和乔布斯，并呈现出二者对“高司令”完全不一样的态度，对比很强烈。事实上，整个标题里植入的要素太多，百亿硬件、跑路之王都是看点，包括“高司令”这个谐音的名字，也是在模仿抗日老电影《沙家浜》里的人物胡司令。看点太多，对比太多，反而弱化了主题。

同一篇文章，换一个标题会如何呢？头条号当时有双标题功能，我的另一个标题获得了104.6万次展现、11.8万次阅读和135条评论。这次的标题是《比尔·盖茨的噩梦！高司令，占领100亿台设备的超级程序员》。

这样一篇4 000字左右的深度长文，能达成11.2%阅读比（阅读量/展现量）和百余条评论，除了本身内容质量足够好以外，标题也是一个关键因素。我复盘后发现，对比的方式变了。依然有“比尔·盖茨的噩梦”这几个字，但对比的不再是乔布斯，而是超级程序员。这种对比就很强烈了，毕竟大家都知道比尔·盖茨就是一个超级程序员，那比他还要强的人到底是什么样的呢？而对比的依据也在标题中体现——“占领100亿台设备”，这提高了对比的可信度，并使人想去了解详情。

在有的留言内容中可以看到大量的计算机术语，说明这种对比具有针对计算机行业的高垂直度，并能让专业人士产生代入感。看似只有10多万次的阅读量，但实质上能够覆盖10多万的程序员，这就已经在程序员的圈子里具有了一定的影响力。

由此，我们能得到对比式标题的模式：**你知道+强中强+碾压级**。

简而言之，新强者要比众所周知的强者在某一方面更加强大，还要达到碾压对方的程度，从而激发关注此类话题的某一垂直领域的受众的强烈共情和想要吸取经验的欲望。

2.6.3 传播式：知道点 + 有同感 + 必须转

能让人共情的内容是最容易被转发的。任何一个内容，无论是走平台推荐路线还是粉丝围观路线，想要获得更高的点击量，都要靠受众转发，而且是精准转发。标题和内容都有令人共情的效果，才是真正的爆文。现在单独来看标题，我们该如何做呢？

之前有一种标题格式叫“望周知”，被新媒体创作者称为“周知体”，范例如下：

家长望周知，过早干预宝宝走路的坏处

深夜偷看“成人网”不靠谱？原来这 3 个问题早已出现，望周知

女子发文：“摸人一把，拘留 10 天，望周知！”网友看完直呼痛快

上述标题都是周知体的常见形式，此外还有“网友体”，如下：

应届硕士生被建议破格授予博士学位？网友吵翻了

“三轮车”到底有多酷？超乎想象，网友：是我见识少了

相对而言，网友体给人一种大众热议之感，而周知体带有“明示”大家转发的意味。事实上，这样带有明示或有意暗示意味的标题，给人以低俗的感觉，而且有逼迫网友转发的嫌疑，算不上好标题，而且传播范围并不精准，因此只能偶尔使用。

以下三个标题则另有一种风格：

你同学都身价上亿了，你还在纠结早晨几点起床？

清代皇帝的一天：相信看完这篇文章后你再也不想当皇帝

“我宁愿剖腹产，也不要顺产！”“95后”孕妈给出3个理由，无法反驳

很显然，上述标题都划定了目标人群。第一个标题可能会促使受众转发到同学群里，让大家有共同话题；第二个标题也是如此，以揭秘的方式给人一种别样的感觉，营造一种和固有认知的对立感，受众也会乐意分享给同好之人；第三个标题是指南式，对于孕妇来说是必读的，而且适合收藏和分享给怀孕的朋友。因此这三篇文章在较长的一段时间里，流量不会断。

关于传播式标题，我的朋友叶小舟曾经创造过一个典范式例子。他在从当当网公关经理的岗位上离职后，便开始从事新媒体创作。有一次，他在自己的微信公众号上发布了一篇名为《年少不听李宗盛，听懂已过不惑年》的情怀文章，结果以160万次的阅读量刷爆了整个微信朋友圈。之后一段时间，“年少不听李宗盛”成了新媒体的流行句式，如《少不听李宗盛，老不听某某》《年少不听李宗盛，听懂已是曲中人》等。

《年少不听李宗盛，听懂已过不惑年》这篇文章的标题为何能如此流行？因为它符合传播式标题的基本模式：**知道点＋有同感＋必须转**。

《年少不听李宗盛，听懂已过不惑年》这篇文章的受众是在1975年到1990年间出生的人群，这16年间出生的人大多是听着李宗盛的歌曲长大的，当人到中年，再一次听到李宗盛的歌曲，对它们的理解会因人生经历的积累而发生变化，由此产生了自己

年近不惑、感慨人生的共鸣。因此，文章也能够刺激读者阅读和转发。

据叶小舟说，当时他的公众号粉丝不过数千人，一夜之间增涨到数万人，之后陆续还在涨粉。这也可以解释为在共情的基础上，有更多的人乐于长期与之共鸣。

2.7 威力加强的破圈

垂直领域的内容创作容易遇到局限，即一旦出现了热点，由于同一热点的内容太多，即使文章标题出彩，观点精湛，也很难真正让更多的人关注。此外，垂直领域内容的第一目标人群往往都是小众，因此运营久了也会难以继续发展。

破圈，能够有效地打破自己的瓶颈，标题作为新媒体内容给受众的第一印象，应该走在破圈的第一线。举个例子，《这座海岛因〈非诚勿扰〉而走红，号称“人间仙境”，实则平淡无奇》的受众显然能够跨越旅游和综艺两个群体，并以冲突产生代入感让人想一窥究竟：这座海岛到底有多平淡无奇？还能被拍成人间仙境？又如《适合孩子吃的鱼是它，肉多刺少，明目鲜美，隔三差五必吃》，跨越了美食和育儿两个领域，成为爆文。

不过，跨界文也并非跨越的领域越多就越好，综合的领域如果太多太杂，容易造成读者的困扰。比如，《电商从业者都用 iPhone，你让用安卓的电竞选手怎么办？》的标题里有 3 个领域的标签。暂不论文章到底该如何写，光是标题里就有“电商、数码、电子竞技”3 个领域的关键词，这会让读者产生困惑。

而且不少内容分发平台都采用算法推荐，当机器识别出3个关键词时，到底推给哪个领域的受众才好呢？算法不会同时推荐到3个领域，想在标题上占便宜是不可能的。

或许你会疑惑，既然如此，那为什么还要跨界呢？岂不是吃力不讨好吗？

其实标题破圈的原则是立足本位领域，辐射相关领域。因此即使跨界，标题创作也应当立足本位。简单来说，占C位的必须是你的本位领域。这样一来，至少算法不会茫然，你的主流粉丝也不会觉得这个新媒体人“不务正业”，而是认为你博学。比如前面列举的两个标题，占C位的内容分别是“这座海岛”和“适合孩子吃”，也就意味着作者的本位领域是旅游和育儿，特征十分鲜明。至于影视和美食，只是辐射到的其他领域，可以理解为在本位领域中做深度挖掘时正好碰到其他垂直领域。

因此，破圈的要点就在于结合，在本位领域中结合其他领域的热点进行创作。如韩寒既是赛车手，又是作家，还做导演，假设你是赛车领域的写作者，而他近期参与创作的某个电影中刚好有赛车方面的话题，那你就可以结合热点，运用你的赛车专业知识进行解析，标题可以是《冠军赛车手“又双叒叕”拍片，这个票房爆发的电影，藏着你我的汽车梦》。也可以专门做汽车领域影视的评论，针对每一个电影里出现的车型及其所表现出的问题进行盘点，可能会同时收获两个领域的粉丝的喜爱，比如《甲壳虫“又双叒叕”停产了，它当主角的电影，不止是大黄蜂》。

这样，你就成了影评圈里讲赛车最好的作者，以及赛车领域里影评写得最好的人。类似这样的破圈案例其实有很多，目的是打破信息茧房，从受众的增量市场中，找到更多的流量。

有时候漫不经心的一笔也能产生破圈效果。比如这篇企查查推送的《我国挖掘机相关企业共5万家，山东占比最大》，本质上就是企查查通过自己的后台数据做了一个简单的统计，加上“山东”二字，就有了破圈的效果。过去关注企查查推送信息的大多是产业经济学领域的人，而这篇文章的受众限制在挖掘机相关领域，多了“山东”二字，山东人或许就有了兴趣。尽管大多数山东人看过之后，也不会被企查查圈粉，但至少这篇文章的流量是有保证的。

2.8 千万别用单段标题?

在新媒体领域，自从今日头条崛起，各大内容分发平台纷纷采用算法推荐，这时很多人就提出了一个观点：千万别用短标题，尤其是别用单段标题。这主要是围绕算法推荐这个机制来考虑的。

说一个最简单的道理，在算法推荐制度趋向主流的时代，算法会进行查重。由于计算机只按照字符和顺序重叠的百分比来计算重复率，单段标题会因为太短而很容易被认为是重复标题。而且，就算是微信公众号这样靠分享来吸引流量的平台，单段标题也很容易因为与其他标题太相似而被人误以为看过，结果失去流量。

或许有人会说，六神磊磊、罗辑思维、吴晓波频道经常采用单段标题，并且也能获得高流量。但实际上，他们本身已经有一定的粉丝基数，而且即使在基于算法的内容分发平台上，他们得到的推荐权重也极高，因此单段标题也会获得高流量。

2.8.1　还能不能用短标题？

到底能不能用短标题？答案是肯定的。

三段式也可以写出很好的短标题，比如《佛法：生气时，默念四句话，火气自消》，一共有 17 个字符，标题分成 4 段。这样的标题妙就妙在短，符合禅宗那种说不出的言简意赅和玄妙之感。

又如《社区卖菜“隔夜之争”：超过 23 点，免费送》，有 20 个字符，分成 3 段。整个新闻的要点已经阐述清楚，唯一令人好奇的是，既然超过 23 点会有惩罚、会亏本，那社区卖菜如何做到不送隔夜菜呢？

又如杜蕾斯公众号推送的这篇《聊吗？见吗？谈朋友吗？》，11 个字符，分成 3 段，还具有强烈的吸引力，而正文说的是在社交应用寻找另一半的各种故事。

由此可见，过去传统媒体里常见的短标题，其实同样适用于当下的新媒体，只不过是分了段，但依然可以做到言简意赅。

举一个例子，在传统媒体工作时，我曾经拍过一张新闻图片，画面是路面有一个大坑，大雨之时，车辆行驶困难，路人也很难通行。标题是《路面有坑：人也难过，路也难过》，“难过”二字一语双关。

这在传统媒体中属于好标题，加上内容本身用图片说明，可以让读者一目了然。但这个标题如果用在新媒体上，就容易让人不知所云。

2.8.2　还能不能用单段标题？

如果文章多接一些“地气”、少一些“文气”呢？用单段标题未尝不可，但要注意算法的推荐机制，最好独树一帜，尽可能不与其他标题重复。

如果标题够短，信息量集中，反而容易让人记住。如《阿里巴巴为申通复仇》就很短，只有 9 个字，还是单段标题。这个来自新浪科技公众号的标题能够引人联想：申通怎么了？为何阿里巴巴要为它复仇？怎么复仇？

游研社的公众号有一个短标题是《【社长 Jing 了】把猫变成猫娘的方法找到了》。

“【社长 Jing 了】”是游研社的栏目名称，后面的单段 12 字标题，是本期专栏的推送内容。看到这样的标题，既让人感到有些糊涂，又会很好奇，何况猫作为深受人们喜爱的宠物，本身就能吸引流量。

游研社并非只在微信公众号这种依靠粉丝转发的平台才用这个标题，在今日头条等一众以算法推荐为主的内容分发平台上也使用了同样的标题。

当然，这可能是编辑为了省事才在多个平台通用一个短标题，但更重要的原因是，这样的单段短标题不会被算法误判为和其他标题重复，而且新媒体本身具有垂直度，文章也不容易被误推给不玩游戏而只喜爱猫的读者。比如游研社的另一篇推文《在给去世明星打卡的粉丝们》在发布 2 天后，仅在头条号，阅读量就在 2 万以上。而且头条号并非它的主要阵地，只是做个内容分发而已。

此外，游研社还有一篇文章《一家科研团队创造了一台没有电池的 Gameboy 掌机》，单段 19 字标题，算不上短，但文章传播的效果很不错。因为标题较为猎奇，而且对于许多铁杆游戏掌机粉丝来说，这是他们特别想知道的东西，也想传播给自己的同好们。

此外，通过制造悬念，单段标题也会给人特别的感觉，比如我在 2009 年曾写过一篇文章，标题很简单，只有 4 个字：《盛大该死》。文章里处处都是说陈天桥时代的盛大网络“该死”，原因是不断进行技术创新和行业试错的盛大网络，在不追求创新的同行们眼中真的很“该死”，实际上话意正相反，意思是说盛大网络的创新本应该得到行业的尊重，并引领行业创新的风气。

2.8.3 冷门用短句，热门选长句

读到这里，到底何时用长标题，何时用短标题，大家可能依然没谱。我为大家提供一个口诀：冷门内容用短题，差异化；热门内容用长题，吸引人。

这并不难理解，遇到热门话题时，通常大家都会一窝蜂地去撰写相关的内容，并且往往“英雄所见略同”。在这种情况下，如果还压缩标题，则更加容易与别人“撞车”。想要让自己的观点和特色表达得更加充分，标题更具有吸引力，长标题就成为一个好选择，它能承载的内容更加丰富。

例如，2020 年 9 月 8 日，农夫山泉赴港上市首日短时大爆，创始人钟睒睒当了半个小时的中国首富。这一话题在当时成为新媒体热追的内容。要想在话题中脱颖而出，可以参考下面几个标题。

卖矿泉水身价超马化腾和马云，农夫山泉老板资本版图里还有什么？（界面新闻）

上面标题中有对比——马云、马化腾被卖水的老板赶超，同时还有揭秘——农夫山泉的布局到底有多大？这个问题超越了一般人的常识范围，毕竟在大多数人心中，农夫山泉就是一个矿泉水品牌而已。

农夫山泉明日上市，回顾创始人钟睒睒商业帝国扩张之路（第一财经）

上面的标题似乎很简单，不过钟睒睒这个名字要等到第二天才会因为成为短时首富而为外界所熟知，因此，这个对于大多数人来说尚且陌生的名字，加之大多数人都不认识的“睒”字，自带传播属性。其实，钟睒睒的前老板、娃哈哈的创始人宗庆后，也曾因为姓氏少见而起到一定的吸引作用，只不过后来熟悉这个名字的人太多，吸引力就变得不那么强大了。

农夫山泉上市，当了“半小时”中国首富的创始人，人生超魔幻？（36 氪）

上面标题中的“半小时”和“超魔幻”形成了一种冲突，同时“超魔幻”形容的是创始人的人生，这就暗示受众：除了成为“半小时”中国首富这件事非常魔幻外，他此前的经历中还有许多魔幻的事情值得了解。

B面钟睒睒 记者出身的“独狼”老板（《浙江日报》融媒体）

标题的C位突出了“B面”，也就是说这篇文章重点谈论钟睒睒的另一面。至于标题中为何没有“农夫山泉”或“首富”的字眼，则是因为当天钟睒睒成半小时首富这件事，加上他的姓名格外抢眼，已经能达到广泛传播的效果，人们都知道他是谁（至少短时间内有深刻记忆），因此不用再提。

绕开大家都在谈的首富事件，而是挖掘他的出身（记者）以及性格（“独狼”），也具有差异化效果。

市值一度超4 000亿！农夫山泉上市首日，钟睒睒当了半小时“中国首富”（《中国企业家》杂志）

上面标题直接使用数字给人4次强烈的感官冲击：“4 000亿”“首日”“半小时”“首富”。在标题中使用数字，而且是极具感官刺激的数字，能够形成强有力的吸引效果，因此很多作者会在标题中使用各种数字。

农夫山泉创始人只当了半小时首富 史上上位时长最短（快科技）

上面标题也用了数字，只是不明显。“小时”“史上”“最短”具有强烈的冲突感，让人忍不住点开阅读。

但在上市之前，农夫山泉的知名度其实不高，只有财经领域的人士才会关注。这样的冷门话题在同一时段内不会有太多的写作者来抢热度，所以可以用短标题。在大量热点话题下的长标题中，短标题也会显得醒目。

继续用农夫山泉举例：

农夫山泉：渠道狠角色（创业邦）

上市前，农夫山泉吃撑了（百略网）

农夫山泉竟然是卖瓶子的（摩尔金融）

一文读懂农夫山泉（斑马消费）

农夫山泉要卖咖啡了（非主流朱）

这5篇文章都是新媒体作者在农夫山泉上市差不多一年前创作的。我们可以很明显地看出这些标题的特征：短，个性鲜明。

第一个标题的重点是“渠道”，突出一个“狠”字。

第二个标题的重点是“吃撑了”。

第三个标题用了“卖瓶子”这么一个颠覆常识的说法，要表达的内容是农夫山泉是大自然的搬运工，把水运来，只卖瓶子给用户。

第四个标题很简单，“一文读懂”就是揭秘式和速成式标题的结合，让人渴望从文章中弥补自己的认知缺口。

第五个标题中“卖咖啡了”是对即时新闻的诠释，重点是时效性。咖啡和矿泉水虽然同样是大众的日常消费品，但也有差异，标题突出这种产品的差异，或许意味着公司的某种转型。因此，这个标题更接近传统新闻的标题，即直接在标题中融入了新闻的时效性、接近性、重要性三要素。

✪ 2.9　一些小技巧，请收藏好

标题制作其实也有一些小技巧，有意思的标题往往更能获得受众的喜爱。尽管前文说过，如《路面有坑：人也难过，路也难过》这样过去在报纸上出现的标题，在网络时代难免会出现与读者之间的隔阂感，但新媒体的标题依然可以用一些技巧来写得颇有文采却不招摇。

2.9.1　有些不工整的对仗

对仗又称队仗、排偶，它是把同类或对立概念的词语放在相对应的位置上，使之相互映衬，使语句更具韵味，增加词语表现力。例如李渔的《笠翁对韵》用了这样的手法："天对地，雨对风。大陆对长空。山花对海树，赤日对苍穹。雷隐隐，雾蒙蒙。日下对天中。"

这是古诗词的对仗规则，报刊上往往能用，而新媒体上用起来会有些让人不太适应，尽管可能面对的是同一拨受众。那么新媒体该如何使用对仗呢？可以不用那么工整，又保留对仗的基本思路。

比如我在 2020 年 9 月 22 日发布了一篇关于京东健康计划上市的稿子。仅一天时间，这篇文章在今日头条上的阅读量达到 3.6 万次，在搜狐号上的阅读量达到 52 万次。这种垂直性比较强的内容能获得这种程度的阅读量，与标题使用了一些不工整的对仗有关系。

该文的标题是三段式：《 不止想卖药，京东健康欲赴港上市，

从药房到病房还有多远？》

和前文的公式、原则、模式有关的内容就不再赘述，这里仅讨论对仗，也就是“药房”和“病房”这两个词。从对仗的角度来说，这两个词完全谈不上工整，但从意义上可以视为一种对仗，药房和病房都与健康相关，却跨越了两个领域，虽然有联系，却截然不同。

在创作之初，我写的标题是“从药房到医院”，后来改成了“从药房到病房”，其实后者的准确性有一定问题。药房和医院可以算是两个领域，前者代表药，后者代表医；而药房和病房无法形成这样的意义对应，病房甚至可能给人带来不太好的联想。不过，网络读者往往不会如此挑剔。

比如《秋风起，蟹脚痒，又到一年吃蟹时》这样的标题，同样不是真正意义上的对仗，但很多人依然会从“秋风起”和“蟹脚痒”六个字中读出诗意，而且“起”和“痒”字还能带来动感和趣味，形成一种富有画面感的意境。再比如《美芯片巨头获准供货华为 生路还是套路？》中的“生路”与“套路”，同有一个“路”字，形成对仗，而且“生路”与“套路”之间，也能产生许多想象。

又如2018年10月，有一个新闻事件：某直播App从苹果商店、安卓各大应用商店下架，在苹果商店搜索不到，在腾讯应用商店则显示该App因内部优化调整，停止提供下载服务，于10月15日恢复下载。该直播平台的官方对于下架一事暂无说明，具体原因未知。当时业界对此有诸多猜测，我随即将《国际金融报》对我的采访内容进行整理，并以《事故？故事！谁下架了某直播？》为标题，对外发布了我的分析研判。“事故”和“故事”

谈不上对仗，但调换两个字的顺序，就能形成两种截然不同的意义，算是一种文字上的机锋，并且也同我文章里的观点形成对应：到底 App 下架是一个意外事故，还是背后有故事呢？

这个悬念也就有了独特之处，同时也和大量相同题材的文章形成了差异化。这篇文章仅在搜狐号上就收获了 56 万次阅读量。

2.9.2 文字也能有动感

在标题创作中，很多人都是使用静态的文字，标题会显得有些死气沉沉。那能不能让文字有一些动感，让人一看到标题，头脑中就能出现画面呢？如果用一个成语来形容这种动态的文字效果，那就是“跃然纸上”。

前文的《秋风起，蟹脚痒，又到一年吃蟹时》就属于视觉动感的一种表达。类似这样的表达其实还有很多。以我获得过今日头条青云奖的部分文章标题为例：

暴走的“潘多拉”，盲盒如何冷凝出文化硬核？

“潘多拉”魔盒是静态的，“暴走”却体现出动态，似乎潘多拉魔盒里的各种猛兽都奔涌而出，而后面的“冷凝”二字，则让前面“暴走”的“魔盒”突然静止，形成一动一静的对照。并且“暴走”和“冷凝”二字，也算是一种不工整的对仗。

谁是史上最能吃的游戏？狂吃 39 年，至今依然没吃饱标题中用了三个“吃”字强调，先是“能吃”，再进阶为“狂吃”，最后落脚到“没吃饱”，一个超级吃货的形象油然而生。受众在好奇心的驱使下会点开文章，发现内容原来是《吃豆人》，果然是极品吃货，而且这款游戏很有热度，当然“没吃饱”。

人工智能“入侵”艺术圈，该不该为“饲料”知识付费？

人工智能的动感来自“入侵”二字，入侵的目标是被视为创造性极强的艺术圈，这样的视觉动感能够带来悬念；入侵的基础是“饲料”，也就是知识，这又能形成很强烈的画面感，也有些幽默感。

我把“古风音乐”扒了个精光

一个“扒”字，把揭秘和全解析的意思都表达出来了，还十分形象生动。

为何有了动感和画面感，标题就更有吸引力呢？这是因为新媒体现在的表现形式无外乎是图文、音视频等，即使未来采用了VR（虚拟现实技术）或AR（增强现实技术）这些科技来增加内容的动感效果，受众在接触到内容之前，很可能还是面对着满屏的文字标题。因此，这种具有动感和画面感的标题自然就显得与众不同。

当然，这也不是绝对的，比如在抖音这类的短视频中，标题有时候变得可有可无，因为跃入受众眼前的首先是视频，视频的标题则主要起到提醒作用，呈现动感效果则依靠封面。尽管短视频依然需要创作者撰写标题，并展示在视频的下方，但很多创作者已经把这部分内容变成大白话或读后感，甚至选择由一个个标签组合而成，用来提升话题精准性和流量引导能力。

不过，即使如此，短视频还是要拥有一个好标题，哪怕标题不是动感的。至于那种由话题标签组合的标题，多少还是不合格的。

2.9.3 请名人来支援

有一种推广方法，目前在中国自媒体圈内还几乎没有成功的例子，那就是邀请客座讲师到自己的自媒体上登坛授课。这是一个全新的方式，也是国外运用得比较成功的自媒体营销手段之一。如果你和一些意见领袖很熟，不妨邀请他们到你的自媒体账号上发表一些专题文章，比如对于你的某一观点的看法；还可以把邀请客座讲师的招牌打出去，既能让外界感到一丝新意，也能为自己的自媒体增加一定的权威属性。有一个案例是胡林翼后人请来易中天声援，并在标题中呈现出来。

我的老师是湖南大学的胡遂教授，曾经在2007年11月登上过湖南教育电视台办的电视节目《湖湘讲坛》，讲述自己的先祖胡林翼的生平。因为谈及先人的一些风流韵事，并坚持学术求实的立场，没有为先祖避讳，因此被媒体炒作为“美女教授自揭先人隐私”。这是当时主办《湖湘讲坛》的湖南教育电视台进行的恶意炒作，给胡老师带来了比较大的负面影响。

胡老师随后在新浪开通博客，将自己的一些观点和对此事件的看法发表在网上，同时国内一些知名的文史学者也予以声援。

胡老师还将一些友人如易中天等人的支持文章以客座博文的形式发表在自己的博客上，从而在极短的时间内澄清了事实，成功地化解了危机。

由此可见，客座讲师并不是如某些新媒体创作者认为的那样，仅仅用以减轻作者的工作量，而是更多地通过相互支持，实现"1+1>2"的传播效果。因此，在自己名气不足的时候，可以考虑争取某些意见领袖的转载授权，毕竟对方比较有名气，如果能够获得授权，并在标题中把名人亮出来，对提升自己的身价有很好的帮助。这能够让大家在最短的时间内认识你，了解你，并认可你。

当然，并不是每个人都能请来这样的大咖，没关系，还有一招：在标题中引战，和一些意见领袖商榷观点。这个做法类似于大咖式标题，不过这种做法重在观点上的交锋，一些新媒体在初期喜欢挑战大咖，就是在走这种路线。不过，挑战大咖的发言内容要有理，有节，有据，不能谩骂，更不能人身攻击。

到这里，我们已经掌握了标题写作的基本要领，主要是起步五大公式、进阶三原则和产生代入感的三种模式，切忌机械地套用这些技巧，而是要因地制宜。

建议创作时，先随意定一个标题，然后全力以赴把正文写好，等一切观点和内容都成熟了，再回过头来琢磨标题的写法。如果一时没有思路，可以使用以上技巧与原则，拟出几个备选标题。有时候，拟订完标题，你会发现，把几个备选标题杂糅在一起，就能产生一个好标题。

第3章 导语

抓住黄金三秒把人留下

万事开头难。对于新媒体而言，开头难在留客。如果没有良好的开头，再好的标题也只能让人点开正文，然后立刻退出页面。结果会如何？总之，点击量不会爆涨。

在粉丝驱动的内容分发平台上，你可能会掉粉，因为没人乐意把时间浪费在一开头就不吸引人的内容上；在算法驱动的内容分发平台上，你甚至根本没有多少点击量。确实，如果标题很吸睛，一开始能立刻带来点击量，然而，如果算法发现阅读完成率很低，受众停留时间很短，就会自动判定这是一篇低质量文章，果断停止推荐。

反过来，即使标题一般，但真正被人从头看到尾，还点赞、评论、转发了的内容，会被算法判定为一篇不该被埋没的优质文章，结果可能获得巨大的流量。

于是，我们可以得到一个认识：开头，即第二生命。标题引流，开头留客，二者不能顾此失彼。这里要说明一个概念，新媒体文章的开头，按照新闻术语，应该统称为导语。

本章将重点解决三个问题：

- 导语怎样能三秒留客？
- 导语有哪些必须规避的大坑？
- 导语有哪些写作范式？

3.1 你只有三秒，必须抓住三个“第一”

做新媒体要学会搭讪，标题和导语都是与用户的搭讪。按照搭讪的“三秒定律”来理解写作，问题就变得简单了。三秒定律指的是一旦看到心仪的人，要在三秒内与之搭讪，且三秒内说的话要能吸引对方继续聊下去，错过这个短暂的时间段，成功率会大打折扣。同样，在信息大爆炸的时代，受众只会给一篇文章留三秒时间，如果不能在这短短的三秒内吸引读者的眼球，文章就会永远失去被点击阅读的机会，即使内容再好，也会和读者错过。

如果标题定得好，新媒体就能赢得这三秒，接下来就看导语的了。所谓导语，作为一个新闻术语，指的是消息的开头，它以极其简洁的文字写出消息中最重要、最精彩的事实，提纲挈领，统领全文，吸引读者。导语一般情况下是新闻开头的第一段或第一句话，它简明扼要地揭示新闻的核心内容。

由此我们不难发现导语的本质——第一句（段），第一要义，第一时间。也就是在第一时间，在第一句（段）里，给读者最重要的第一印象，而且要统领后文的内容。

举一个例子：

当有传言称某公司将被苹果剔出供应商名单时，这家市值超过400亿元人民币的公司，开盘即被封死在跌停板上。

所幸传言只是传言。

这段文字是2020年9月9日虎嗅网发布的深度报道《苹果生态上的中国公司》的导语，代入感十分强烈。或许读者并不知道这个“某公司”到底是什么公司，但开场白的“传言”，以及结尾时“所幸传言只是传言”，让这个以大家熟知的苹果公司为话题切入点的导语变得十分有趣。和苹果有关的中国公司到底面对了怎样的麻烦？导语为后续内容做了铺垫。第一句直指传言；第一要义与苹果公司有关；第一时间则是你并不知道这个传言的真相，所以具有时效性。再来看一个例子：

最新的一项研究显示，由于疫情而得以普遍推广的远程办公，给人们带来了更长的工作时间和更频繁的会议。

这篇名为《疫情推动的居家办公，使得人们每天工作时间平均延长48.5分钟》的文章中，导语的特色十分鲜明。“最新、普遍、更长、更频繁”，多个强调词汇组合在一起，抓住了读者的眼球。

第一句用最新研究彰显了后续内容的权威性；第一要义则是引发需要远程办公的人群的共鸣；第一时间是这个研究的结果证实了受众之前的体验或听到的传闻。

这个导语切合了标题的内容，标题中“48.5分钟”这个醒目的数据通过导语得到了延伸，让人知道在研究结果中还有很多数据，值得你去了解。果然，后续的内容基本就是用各种客观数据来证明远程办公给人们生活、工作和其他方面带来的改变。

又如界面新闻发布的一篇名为《同仁堂卖咖啡，张仲景卖蛋糕，年轻人“朋克养生”的钱好赚吗？》的文章，其导语是这样的：

年轻人“保温杯里泡枸杞”的段子，眼看就要成为新的消费机会。

你可以从药店里买奶茶和蛋糕了。张仲景大药房近日在河南郑州开了新的门店“仲景生活”，卖的不是药，而是添加了中药成分的奶茶和蛋糕。

标题反映老字号的新动向，药店卖咖啡、卖蛋糕，本身就很吸引眼球。至于“朋克养生”，很多人看了标题就会好奇，这和年轻人有什么关系呢？朋克养生又是什么呢？导语没有一开场就急于解释，而是用了另一个有反差感的话题：保温杯里泡枸杞。这个话题最早源自黑豹乐队的乐手，人到中年，铁汉也开始用保温杯泡枸杞来养生，本就有了反差感。可这怎么会和年轻人有了关系呢？显然这和朋克养生有一定的关系。

第一句引起话题，这样就达到吸引人读下去的目的；第一要义是告诉别人这里面有商机，带头的是同仁堂和张仲景药房，做的都是有中药成分的食品，朋克养生似乎指的就是混搭的健康食品，而且后续会说明这是如何成为一个机会的。第一时间通过“最近”二字具有了时效性。

如果是故事风格的开头，会不会也需要遵守3个“第一”呢？继续举例。

进入2020年，许多产品经理们发现，曾经也是天之骄子的自己，找不到工作了。

媳妇儿出门上班了。看着门关上，做了近10年互联网公司产品经理的于益虎卸下一口气，松弛下来，接下来的一天，他都会在家里待着，“吹着空调，溜溜狗，想玩就玩，想睡就睡，想吃就吃，想喝就喝”。

于益虎曾经相信，产品经理做好了，下一步自己就是 CEO。但现在，这已经是他没有工作的第四个月。

2017 年之后，他以一年一换的频率分别供职过外包公司、新能源和人工智能公司，最后分别因为要常驻西藏、“P2P 炸雷高层都进去了”及“发不出工资”而告吹。“我能有什么办法呢？”他有些丧气。

他快 40 岁了，在往前的 10 多年里，于益虎踏着移动互联网初期的浪潮，在新兴的创业公司成为持股的产品经理。一切都曾光鲜亮丽。

这篇文章的标题是《人人都不想当产品经理了》，其实是品玩制造的一个梗，和“人人都是产品经理”这句昔日的互联网流行语形成对比。由于是用故事开头，因此，导语的长度也就有了显著的增加。毕竟几十个字要说清一个故事，就得丢失很多细节。但故事化的导语，同样也要考虑前三秒问题，因此三个“第一”还要继续发挥作用。

第一句给人以反差感，即 2020 年，产品经理找不到工作了；第一要义还是提供反差感，曾经的天之骄子前途光明（下一步就是成为 CEO），还是有着 10 年经验的资深从业者，却 4 个月没工作了。并且“2017 年之后”“P2P 暴雷”“发不出工资”暗示了互联网行业从进入了一个变革时期；第一时间是文章发出的时间是 2020 年 9 月 7 日，正好是一年进入第三季度的最后一个月，可以开始对职场生存状态进行总结和回顾了。

一切都在制造一种悬念：为什么曾经那么红的产品经理们开始失业，以至于不想做产品经理了呢？文章给出的答案是：和互联网风口一样，产品经理也是风口，而浪潮退去，一切归于理性后，付出和收获之比也就不再惊人，甚至根本不成正比了。

由此可见，三个“第一”是基本原则，但在实际操作中，还需要有更为明确的方法才行。

简单来说，开好头，就像程咬金的三板斧，即唤醒和刺激受众的听觉、视觉甚至味觉。

那么，归纳起来总共有三个招式，即好奇心、有关系、有价值。这三个招式并不一定都要用在导语中，往往融会贯通其中的一两招，就能写出吸引人看下去的开头。

3.2 好奇心：常不常见，都要让你没见过

要激发受众的好奇心，最好的办法是让他思考，随着内容的展开和文章“同步共振”。要做到这一点，需要在导语中成功地把用户的兴趣点挖掘出来，而且最好能别开生面。如果是老调重弹的导语，用户非但不想思考，反而会认为这些他都知道，不需要你来说。

3.2.1 从常见中找到反常，引发思考

媒体行业有一句行话，叫作“人咬狗”。“狗咬人不是新闻，

人咬狗才是新闻”是美国《纽约太阳报》的主编约翰·博加特对新闻的解释。

人们都知道，狗具有狂吠、咬人的天性。当人们一听说狗叫或者狗咬人的事，大多认为这是正常的现象，不值得大惊小怪。但人是有别于狗的，如果人真的会咬狗，那就令人瞠目结舌了。“人咬狗”说法的核心就在于反常。

古语有云：“事出反常必有妖。”即事出反常就一定有奇怪的地方，这本身就能勾起人们的好奇心。但是要怎么去做呢？毕竟，真正特别反常的事情并不多见，特别是大多数并不去采访，而是坐在电脑前的新媒体“坐家”，他们所能接触到的素材大多是第二、三手资料，一眼可见的反常之处早就被别人挖掘过了。

怎么办？媒体记者有一个说法，就是带着新闻眼去看事物，从寻常中发现不寻常，这放在新媒体也同样适用。比如下面这个例子：

没什么是一次“撸猫”不能解决的，如果有，那就来两次。当代年轻人，可以没有对象，但不能没有宠物；可以没有钱，但不能不给宠物花钱。

有的人还在为买什么品种的宠物纠结，更多的浓眉大眼的家伙已经悄然步入了“铲屎官”的行列，虽然被“主子”嫌弃，也干得不亦乐乎。

就算你没有宠物，各大社交平台上也随处可见萌宠视频、萌宠照片，头部宠物 KOL 的短视频点赞量能够轻松突破千万，甚至形成了“云吸宠”这一当代潮流文化。

这篇名为《喂养每月几千，治病要花上万，年轻人为了宠物多敢花钱？》的文章中，养宠物其实是大多数人非常熟悉的一种生活方式，即使是不养宠物的人，也大体知道养宠物需要花钱，花精力。

于是，作者在这段导语中运用了许多技巧。第一个技巧是在第一段将文章描写对象的范围缩小到年轻人；第二个技巧是在第一句里表达养宠物的人的心态，即养宠物是为了寻求生活的平衡点，甚至是心灵的港湾。这多少能引发人们的好奇心，不只是养宠物的年轻人，其他养宠狗的人群或者不养宠物的人群都会想知道这些年轻人有什么特别之处。此外，“云吸宠”这一概念的引入，让这个话题具有了扩展的空间，给人以新奇独特的感觉。

这种做法就是让常见的事物变得不常见。毕竟，哪怕是新媒体，所能挖掘的内容大多也已经被人挖掘过无数次了。因此，有必要通过新的切入角度来为文章增添吸引力。

再举一个例子，我曾将《中国经营报》记者和我交流某知名牙膏品牌的相关观点整理成文章，以《从国民牙膏沦为酒店赠品！中国牙膏第一股，断臂求生大健康》为名，在多个内容平台上分发，结果除了爆出多个十万+外，还在搜狐号上收获了157万次阅读量、107条评论，这篇爆文的导语是这样的：

你还记得某知名牙膏吗？

一代国民牙膏，如今只能在酒店偶尔一见。

近日，某知名牙膏拟以11.74亿元转让纸品公司和房开公司，引来了上交所“11连问”。

12月9日，某知名牙膏发布公告称，转让地产、造纸业务事项获批准。不过，某知名牙膏表示，本次重大资产出售事项尚需公司股东大会审议通过，存在一定的不确定性。

从一支牙膏到四大板块业务，随着佳洁士、高露洁等外资同行加入市场，参与竞争，某知名牙膏在十余年前上市后，成为“中国牙膏第一股”。

同时，其开始探索多元化发展之路。然而，2006年至2018年，某知名牙膏连续13年扣非净利润为负值。

复杂吗？不复杂，就是说一个昔日的国民级牙膏品牌，现在日子过得有点恓惶。但如果导语直接从第三段开始，意思就成了一个老牌企业有点不景气，这很常见，毕竟“江山代有才人出”。

如果话术变一下呢？“你还记得某知名牙膏吗？一代国民牙膏，如今只能在酒店偶尔一见。”前一句勾起回忆，后一句则指出现实，即只能在酒店中偶遇该牙膏品牌。一部分人可能会觉得：“还真有这么一回事，可到底是为什么呢？如果销量不好，为何酒店里又有呢？”抑或有人会觉得：“不对啊，我在超市里也看到过这个牌子的牙膏，还买了不少，现在用的就是。”

总之，导语点出了该牙膏品牌如今只能在酒店中偶尔一见，这就与受众对该牙膏品牌的既有认知形成了强烈反差，引发受众继续往下阅读。

但有一点要牢记，不能因为题材常见就一门心思去创造不同点，而把事实置若罔闻。如上文提到在酒店中才能遇见某知名牙膏品牌，这个说法是有依据的——该公司在2018年年报中对外发布信息称，公司在酒店牙膏市场的占有率估计超过50%，2019年的第三季度数据显示，其牙膏销量中，家用牙膏仅占2%，不及旅游（酒店）牙膏的零头。没有这样的数据支撑，文章不可能形成只能在酒店中偶遇该品牌的反常观点。

比如高考状元的话题总是能引爆流量，但通常来说，高考状元的成功之路和后来的发展成就之类的内容，对大众思维来说是理应如此的。早年间，当媒体报道高考状元毕业后在种种境遇中遇到坎坷时，往往能在舆论上引起轩然大波，这就是在常见中找到反常。尽管我并不太认同这样的博同情、博眼球式的新闻，但它们至少有一点是符合新闻原则的，即基于新近发生的事实进行报道。

可总有越雷池的新媒体。2019 年 1 月，某知名新媒体团队为了吸引眼球，编造了一个出身寒门的状元之死事件，结果文章是引爆了流量，但这个团队也因为造假而被抵制了。过去，传统媒体中这样的事也偶有发生，后果是媒体的公信力崩塌，成了彻底的烂媒体，无人过问，也再没有人信任，除了出局，别无他法。

3.2.2 从不常见中，要让受众更好奇

对于不常见的事情，导语又该如何激发受众的好奇心呢？

话题颇多的《八佰》，票房已经突破了 26 亿。

人们惊叹于国产战争片技术上的巨大精进，却不了解画面背后的繁琐细节。

为了达到电影中仓库里几乎没有光，但是又亮的镜头效果，在苏州搭建的“四行仓库”，二层以上的楼面，挖了差不多 300 个 1.5 米大小的窟窿，灯光挂在更高一层的天花板上，光线透过窟窿打到正在拍戏的楼层。《八佰》的灯光师用这样的手段，营

造了“黑夜”和“光明”的象征意味。

当然，和成百上千部人们热追的影视大片一样，灯光师仅有的“存在感”只是片尾字幕里出现的那1秒钟，但他们能让演员在镜头下拥有“盛世美颜”，有让影视剧“容光焕发”或“黯然失色”的传奇能力。

更为传奇的是，国内影视剧背后的掌灯人绝大多数都是农民，而且他们有80%都来自河南许昌的鄢陵县，许多人甚至是同一个村的。

“鄢陵灯光师”在中国影视界是个特别的存在。他们的名字常伴随着明星大咖和票房惊人的影片出现，但除此之外他们异常低调沉默。

鄢陵这个和影视业完全不搭边的中原小县，又是如何成为灯光师的大本营的?

这篇2020年9月14日由财经自媒体正解局发表的、标题为《〈八佰〉背后的传奇：全国80%灯光师，来自河南这个小县城》的文章，用了较长的导语，原因在于从电影《八佰》这个热门话题引到灯光师这个冷门话题上，需要多做一些铺垫。

第一句暗示了《八佰》是热门话题，随后递进一层，说明其视觉效果令人惊奇，再层层递进，让“盛世美颜”与“农民”形成反差，让沉默的鄢陵灯光师和风光的明星、票房形成对比，不断突出二者之间的反差感，一直落到最后一句：“鄢陵这个和影视业完全不搭边的中原小县，又是如何成为灯光师的大本营？”从而引发悬念。而且，这个地名确实能引发悬念。因为不少看到这个名字的读者要么没听过此地，要么就连“鄢”字都不一定能准确读出。

作为一篇揭秘式的文章，导语揭示了全文围绕的是一批来自同一个地方的人，讲述他们在为大家热追的影视剧服务。核心内容已经呈现，可真正的好戏和细节还在后面。

由于许多内容平台允许发表文章时添加摘要，显示在标题展示的正下方或点开文章后标题的下方，因此，摘要也可以作为一个浓缩版的导语。比如本例的超长导语可以浓缩为一个摘要："鄢陵这个和影视业完全不搭边的中原小县，又是如何成为灯光师的大本营的？"类似的例子还有许多，如下例：

作为一个时代的"回忆"，曾经无比辉煌的腾讯微博，真的失败了吗？

答案其实是否定的。

它完成了钉子户的使命。

这个导语来自《最牛钉子户，腾讯微博，终于胜利"拆迁"》，由我发布于 2020 年 9 月 6 日。同年 9 月 4 日，腾讯微博宣布将在月底关闭，一时间，有关腾讯微博的话题在互联网上成了热点。大多数与此事相关的新媒体文章，其核心都围绕着诸如腾讯亲手废了自家微博，腾讯微博被新浪微博打败，以及腾讯微博其实已经实际死亡 6 年之类的话题展开，核心都绕不过"失败"二字。

而我在标题和导语中用了一个"钉子户"与它们形成差异，说明它除了坚持久之外，它还是有使命的，并且最终关闭并不代表失败。

由此引出后续的内容，即当年作为腾讯遏制新浪微博的战略的棋子，腾讯微博有过辉煌，但之所以在鼎盛之时被按下暂停键，是因为其战略使命已经达成，微信出世，完成了对腾讯社交体系的延续，无须多一个延续性不强的社交媒体和自己的产品互搏。

上述两个例子其实都是从热点中找到不常见或被忽略的现象或背景，进而形成差异化，让受众更加好奇。如果题材本身就是不常见的事情呢？如这篇《手机没网了，却还能支付，这是什么原理？》中开场白是这样的：

现在生活已经离不开微信或支付宝电子支付，平常出去吃饭、购物只要带个手机，就可以解决一切，以至于人们现在已经好久没摸过真钱了。有一次出去吃饭，排着队付钱，等待的过程非常无聊，准备掏出手机来把“荒野乱斗”，却发现这个地方竟然连不上网。

由于这是一篇科普类文章，所以行文风格比较平实严谨，这段话作为导语有些啰唆，而且没有直接切入要害。于是，这个内容平台的编辑特意在文章前加了一段编辑导读：

在一些信号很差的地方，手机没网了，却依然还能支付，这是什么原理呢？本文将从四个方面对这个问题展开分析，希望对你有帮助。

这样的导读替代原作者的开场白，具有了导语的效果，除了和标题相呼应，还直白地告知读者本文将介绍原理，并分为四个方面。顺便也暗示了读者，想知道全部真相，就要看完四个方面，免得以偏概全。

✪ 3.3 有关系：孰强孰弱？都要保持垂直度

有关系不难理解，就是导语对受众产生心理暗示：这个内容和自己有关。

对于大多数人来说，平时事不关己高高挂起；如果此事和自己关系密切，就算内容味如嚼蜡，一般也会耐着性子读下去。举一个例子：

全球知名游戏公司Epic Games和苹果的诉讼纠纷再度升级，苹果开始对Epic Games此前控诉发起反击。据Epic Games当地时间9日在官方社交媒体账号上表示，苹果11日起将禁止玩家使用Apple账号登录Epic游戏商城，而目前的最新消息称苹果已决定无限延期该禁令。

这则带有明显的新闻范式的导语，出自《21世纪经济报道》的《“苹果税”再掀反垄断争议，游戏新贵Epic揭竿而起》一文。

由于这件事本身是新闻，所以内容就具有了时效性，同时也就不那么“常见”。而在导语中，该文的作者用强烈的新闻风格，快速地切入主题，并给出整篇文章的核心要点“纠纷再度升级”，而整个事件的核心，则是苹果会禁止玩家登录Epic游戏商城，而且可能会无限期地实施禁止令。

这至少会激发Epic游戏商城数以亿计的游戏玩家们的关注，而且他们会迫切地想了解事情的最新动态和是否有缓和的可能等更多信息。由此，这篇文章不仅能激发受众的好奇心，并且在针对这部分用户的时候，还能让他们觉得内容和自己有关系。

这样的内容，往往受众的针对性很强。对于有游戏商城账号的受众来说，这则内容和他们之间有强关系，对于没账号的受众来说，就可能没有半点关系。

由此，我们依然要强调垂直性，它依然是新媒体立足的根本，见到热点就拉关系的做法，或许一时得利，却不利于长久发展。

举一个例子，在2019年间，华为一直是热门话题。于是，有很多新媒体创作者就努力地让自己的文章和华为扯上关系。比如有一篇文章标题为《有愧于华为的信任，日本突然宣布700亿自研5G，这次华为不再沉默》，而导语是这样的：

众所周知，华为作为中国第一大民营科技企业，其实力自然是十分雄厚的，经过这么多年的努力，如今华为不仅在移动通信领域做得十分出色，还在智能手机市场和5G市场领域中都取得了非常不错的成绩，特别是华为的5G技术，可以说在全球范围内都是遥遥领先的。随着华为的不断发展壮大，美国也开始对华为进行打击和制裁，这也让不少人为华为感到担忧不已！

再往下看3段话，依然没有提到日本自研5G的事情，而是各种东拉西扯，最后文末才说出一句日本在自研5G，而且还特意强调是要绕开华为。这样的标题看似有吸引力，但导语和标题只在华为“二字”上有关联，似乎在逼迫受众继续阅读下去，其实成了一篇浪费时间的文章。这种文章生拉硬拽，缺乏必要的内容，就算是日常发布科技圈内容的新媒体人，发布这样的文章也显得极其不专业。

3.3.1　强关系：可以“生拉”，更要“言物”

强关系往往表现为关联性很强，如《三联生活周刊》公众号推送的这篇《三联资深主笔贝小戎：写了 150 篇 10 万 +，这次将 16 年写作秘籍传授给你》，从标题上就能看出，这篇文章对于正在看本书的你来说是强关系。这就是在“生拉”强关系受众了，因为文章和用户关系紧密，受众也渴望了解内容。它的导语是这样的：

2004 年，“三联第一书评人”贝小戎还只是普通青年。因为爱好读书和写作，他的人生迎来了一次重大转折。

如果不看标题，这则导语似乎没有什么特别吸引人的地方。一个普通青年在 2004 年的重大转折，不就是成为“三联第一书评人”吗？这个悬念并没有太多吸引人的地方，“书评人”这个词对大多数新媒体从业者来说还有点陌生。

不过，既然标题已经提示了文章的内容是写作秘籍，想必从贝小戎的写作生涯开始介绍，确实能够更容易让人汲取到经验，而不是只拿到几个不能活学活用的公式。

果不其然，整篇文章就好像流水账一般。如果不是标题提示了强关系，可能很多人难以读完。所以，尽管这个导语配上文风和标题是成功的，但单独来看是失败的。

强势的、粉丝黏性强的和受众属性特殊的新媒体才适合这么做，如果是普通新媒体呢？

在这篇《长辈的朋友圈和微信群，是如何被年轻编辑收割的？》的文章里，导语是这样的：

如今的年轻人都有一个心照不宣的秘密，那便是屏蔽父母、长辈的朋友圈及家庭群。

不是年轻人不想和长辈交流，而是家庭群里长期被大量土味视频、鸡汤文和洗脑文占据着。

表面上，导语并没有涉及标题中所说的年轻编辑“收割”长辈的朋友圈和微信群这一话题，而是指出了一种现象。但事实上，这篇文章的目标受众不是长辈，而是年轻人。因此，导语其实是在和年轻人拉关系，想要告诉年轻人，那些内容都是怎样生产出来的。当然，作者并没有提供解决方案，确实也难以解决。至于长辈，根本就不会看这样的信息，看到后也会一笑而过。而且标题对长辈也不“友好”，完全展示出“谢绝入内”的态度。

在精准针对受众且关联紧密的前提下，之后的内容要言之有物，即真正能够让年轻人了解长辈，并通过阅读内容和长辈深入交流，解决上述问题。

由于关系紧密，“生拉”受众是没问题的，但一定要言之有物，才能真正把人留下。

类似的言之有物，又有强关系的导语还有许多，如我在2020年9月25日发布的这篇《亏本也要卖主机，索尼、微软9月爆发价格战？任天堂放“怪物”》，导语是这样的：

在主机游戏玩家们的一片期待中，PS5的上市日期和价格终于确定了。

9月17日，索尼正式公布PS5将于11月12日在包括北美和日本等7个地区推出，随后于11月19日在欧洲及其他地区（包括香港）推出。中国大陆地区的上市日期还未确定。

值得提及的是，此前微软公布的Xbox Series X、Xbox Series S（以下简称XSX、XSS）两款新一代主机的发布日期与PS5只差两天，定在11月10日，价格上两家也几乎一样。

同时，在9月17日，任天堂日本官网消息，任天堂已经停产了3DS的所有型号，包括新3DS LL、新2DS LL和2DS。根据任天堂官方统计，截至2020年6月末，3DS出货量达7587万台，而Switch出货超过6100万台。显而易见，任天堂接下来的重点是Switch。

这篇文章的标题其实对目标群体做了比较硬性的限定，即游戏主机玩家。据2019年的数据显示，中国的游戏主机玩家有1 100万人。这个数字说不上多。因此，看文章的人可能会很少。对比游戏玩家总量，主机玩家并不多，关注主机产业经济分析的只会更少。

结果，头条号发布文章的当天，阅读量为4.4万次，阅读完成率为75%，有109条评论，而在其他平台如搜狐网上获得了1.5万次的阅读量，在界面新闻上有4.8万次的阅读量。作为游戏产业经济类的文章，尽管并非主机游戏玩家所特别关注的内容，但阅读量、评论量和阅读完成率也都不错。

关键是，我在导语中就将真正关心此话题的人群所迫切需要了解的资讯进行了概括，形成了强关系，并指出了价格上的问题，和标题对应：亏本也要卖主机。这其实对应上了主机游戏玩家的兴趣点，也是这部分玩家的常识：主机亏本、游戏赚钱。文章也区别于大多数外行媒体人对于此事的议论，而是聚焦在价格战上。

由此，后续的论据和延伸也就有了吸引力，引发了100多个阅读者的感触：有人说自家的游戏机在“吃灰尘”，有人说自己的PS3还能再坚持一阵，也有人提出千万不要入手某些糟糕的产品……唯独没有人表示对文章有何不赞同之处。

与之相似的是我在2020年9月16日发布的另一篇文章，是产业经济类型的，标题为《某名人“口误”，人工智能正在拿走你的“脸”！隐私还能留下吗？》。这样的标题表明人工智能可能侵犯用户隐私，原因是当时颇为轰动的某名人“口误”一事。导语很简洁，就是引出某名人“口误”的事实，再点出关键。

9月12日上午，某公司董事长兼CEO在公开演讲中提到，曾在早期帮助一科技公司找了多个合作伙伴，让他们拿到了大量的人脸数据，并在随后的摸索过程中找到了几个有价值的商业化方向。

事关数据安全与用户隐私，互联网企业“人人自危”。

导语没有和标题对应，也就是没有直接点出用户隐私是否被侵犯，但受众会因为导语中的事实感到忧虑，这就形成了强关系。

如果按通常的写法，往往是从用户自身角度去分析研判，试图和用户站在同一战线，引发共鸣。但我在引用新闻事实之后，在导语中笔锋一转，直指互联网企业“人人自危”，说明问题比较普遍。危从何处来，是否真的会侵犯隐私，则需要在后续正文进行引证，供受众参考。

这篇文章仅在搜狐号上就得到了43.8万次的阅读量，可见通过强关系拉动受众关注切身利益，是个很好的办法。

3.3.2 弱关系：不能“硬拽”，先要“言情”

新媒体在创作的过程中，不是每个话题都有特别多的受众或让受众特别关切。为了与众不同，新媒体还要去挖掘许多冷门的话题，但这样就会让自己的内容和受众之间的关系变得更加疏远。

我在2019年发布的文章《为何走的是钢铁侠和黑寡妇？答案是超级IP！》，导语是这样的：

> 4月24日，《复仇者联盟4：终局之战》携7亿预售票房如约而至。
>
> 可包括很多漫威的粉丝也同样有困惑，主要有3大谜团：
>
> 为什么漫威这么吸引人？
>
> 为什么携手走的是钢铁侠和黑寡妇？
>
> 英雄老去，下一代复联怎么办？
>
> 对此，《国际金融报》记者刘天天和书乐进行了一番交流，并在25日刊发了《你好，“后复联时代”》。
>
> 贫道则对这三个问题有些看法，各位姑妄听之，我们从最后一个问题说起。

当时正是《复仇者联盟》上映的时间段，电影本身也是个热点，但我和媒体的交流话题依然侧重于产业分析，对于大多数影迷来说是弱关系。为此，我在标题上使用了一个类似剧透的技巧，也就是讨论为何走的是钢铁侠和黑寡妇。许多关心电影但还未看电影的受众就被吸引来了。但如果涉及的不是剧透内容，只怕很多人在点开时就会离开。因此，我继续在导语中制造关联，将我和媒体之间的产业分析交流归结为三个问题，而且，这三个问题和受众的关系是：无关系、强关系、弱关系。但在回答的时候，我倒过来解答，即弱关系、强关系和无关系。

如此设计文章结构，还是为了让受众能够阅读下去。毕竟，在采用算法推荐的平台上，如果受众点开文章，阅读完成率却很低，那文章很快就会被平台自动放弃，而如果把强关系的话题放在文章的中段，就可以引导受众读下去。或许受众日常并不关心所谓超级 IP 和漫威的产业构架，但因为文章带有揭秘色彩，加上谈及的电影本身就是热点，也就能耐着性子阅读了。

接下来的正文就需要用鲜明的观点来打动受众，最好的效果是解答完一个问题后，受众还能意犹未尽，想了解下一个。

问题的答案也可以很简约。

第三个问题的答案是：漫威可以用“以老带新”的方式，通过初代英雄的电影引出新英雄，根据人气再考虑其在下一代复仇者联盟中的定位。

第二个问题的答案是：钢铁侠、黑寡妇这对最早登场的超级英雄一起牺牲，或许可以带来强烈的怀旧感。

第一个问题的答案则从半神、彩蛋、宇宙、爆炸 4 个方面进行阐述，让受众能够在影片之外获得更深的感触，还能串联起漫威电影宇宙的点滴。

最后，这篇在当时《复仇者联盟 4》话题霸屏情况下推出的文章，仅在今日头条上就获得了 27 万次阅读量、750 条评论、460 次点赞、120 次分享、420 次收藏。显然，有许多受众在阅读完全文后，与这篇产业经济类型的弱关联小众文章形成了强关联，或许是他们感慨于钢铁侠和黑寡妇携手离开及背后真实的原因，既产生了共鸣，也留下了遗憾，于是有感而发，也觉得文章有用而收藏。

弱关系也能转强，除了扩大受众范围以外，其实还可以让话题不是仅针对常见的目标人群，而是对另一拨人群进行情怀感召。

例如，在每年高考季，同样会有许多针对高考考生的话题，新媒体内容“千帆竞渡、百舸争流”，高考生及其家长其实很容易产生审美疲劳。因此，这拨受众的感悟其实比较难被引发。但在高考季，还有一大波人会因为情怀来围观高考，他们就是曾经的高考生。押题的话题就特别能激发回忆，比如下面这则导语：

高考季，照例又是各大品牌各出奇招“陪考”兼营销的旺季。

只不过，2020 年的高考因为新冠肺炎疫情，推迟了一个月，又回到了 2000 年之前的 7 月。而这一波高考营销里，某知名奶制品品牌也做了一次突破，推出了高考押题奶，把各类学科试题印到牛奶盒上，为高考“硬核”押题。

只能卖半个月，销量还不乐观，如果一不小心被考生带进考场还会“惹麻烦”的押题奶营销，真的有存在意义吗？

这篇文章由我在 2020 年 7 月 6 日发布，标题为《只能销售半个月，为什么还要做高考押题奶？》，在多个平台均斩获了十万 + 阅读量。这本身只是一个营销方面的小众话题，尽管蹭了高考的热点，提到了一件新鲜事——高考押题奶，但导语言简意赅地指出，高考押题奶是一次营销，而且只能销售半个月。那么悬念来了：牛奶企业为何要这么做？这样一个高考生并不会购买太多的产品，其意义何在？而悬念之下，押题却是高考生都经历过的事情，也就能激发他们的回忆与情怀。

这样的导语和高考押题奶营销一样，目标人群不是应届考生及其家长，而是围观看热闹的往届考生，哪怕他们只占读者总量的1%，文章也能轻松收获十万+阅读量。于是，本来和大多数读者很弱的关系，就有可能通过回忆与情怀被强化。

类似这样的弱关系，通过"言情"的方式触动受众内心柔软的地方，并扩大受众范围，能很容易扩散影响力，并强化与受众的关联。再举一个例子来进行说明。

4月28日，钛媒体以《除了暴富机会，游戏硬核玩家还能收获啥？》为题，选登了我的文章，导语是这样的：

一切说来就来。

网游的头十年，玩家可以靠游戏致富，一把屠龙刀换个桑塔纳2000，不是传说。

网游的这十年，玩家被游戏打劫钱包，若干桑塔纳投进去，氪金伤肝还没尽头。

第三个十年刚开始，20岁的《热血传奇》被看作是让玩家回归一夜暴富时代的新机缘，仅仅因为它要推出怀旧版而已。

盛趣游戏这次推出的《热血传奇怀旧版》，复刻了20年前点卡付费模式，按照时长收费。

许多老玩家则在感叹，装备靠爆，升级靠怪，看似辛苦，却可能得到更多……

通过玩游戏发财对于大多数玩家来说根本不是神话，而是童话。而我在导语中，用了最简洁的方式，把想象空间从童话拉回到现实中，而且有例证。

同时，通过三个“十年”引发玩家们的回忆，从道具自由交易到从游戏厂商手中买道具，经历了两个“十年”，最后抵达第三个“十年”，等到诞生了屠龙刀故事的《热血传奇》重新回归，再一次让人看到梦想成真的可能性。由此，标题中看上去和大部分玩家关联性不强的“硬核玩家”一词就被扩大到了任何一个游戏玩家身上，而致富的可能和一句“一把屠龙刀换个桑塔纳2000，不是传说”引导玩家认真看完文章，免得错过了“商机”。关系的强弱转换在导语中简单而直白地完成了。

3.3.3 无关系：无中生有，必要“言功”

进行内容创作的时候，除了强关系和弱关系外，还有一种情况，叫无关系。当然不是说所有内容没有合适的受众，而是指对于你的新媒体所在垂直领域的受众来说，你选择的话题或创作的内容和他们的关系不大，甚至是没有关系。

这种情况该如何处理呢？有一种方式是形成共情，也就是即使受众对此内容完全没有接触过，也没有兴趣，你也要想办法去触及受众灵魂深处的某一个柔软之处。比如我在2019年12月发布的一篇文章，就被许多平台转发，标题是《BBS发明人离世，豪情却不止一襟晚照》。

标题中的“BBS”，对于1990年以后出生的人来说，已经是一个陌生的词了。即使是在2000年互联网大普及时代成为网民的这群人，对 BBS 的印象也不深刻了，特别是随着天涯论坛的没落，BBS 成了历史记忆。

这样的话题能带来多少感触呢？很难说。于是我在标题中用了由黄霑作词、作曲的《沧海一声笑》中的歌词“豪情还剩了一襟晚照”，并改编成了“豪情却不止一襟晚照”，带来情怀感和一份壮士暮年的沧桑感，而在导语中，我还做了虚实结合的处理：

于“Z 世代”乃至更后来的网民来说，BBS 已经是一个传说。

于“80 后”来说，BBS 则已经成为往事，尽管在世间还有些许痕迹留下。

据纽约时报报道，BBS（电子公告牌）的发明人——兰迪·苏思（Randy Suess）已于 12 月 10 日在芝加哥的一家医院去世，享年 74 岁。该消息得到了其家属的证实。

在移动互联网时代，这则消息几乎晚了半个月才被世人所知道，颇让人唏嘘。尤其是对于苏思这样一个开启了网络加速度的昔日带头大哥而言。

作为最早的一代社交网络，BBS 似乎已经成了明日黄花，尽管时至今日，苏思发明的第一代 BBS 系统依然可以访问。

整个行文带有许多武侠风格，给人以徐克的武侠片中“天下风云出我辈，一入江湖岁月催，王图霸业谈笑中，不胜人间一场醉”的沧桑与悲壮之感。同时，在导语中，我反复用反差的手法来增强这种沧桑感：第一，发明人走了，但在资讯如此发达的时代，作为最初社交网络的奠基人，其死讯却很晚才被外界知晓；第二，发明人走了，但他在 20 世纪 70 年代末发明的系统现在依然可以访问；第三，发明人走了，他创造了一个时代，但时代已经忘记他了。

发明人走了，是否豪情连“一襟晚照”都没有了呢？标题却说“不止一襟晚照”，这是何故？悬念和为其树碑立传的意图，也让更多经历了各种跌宕起伏的人有了共鸣。于是，一个其实和当代网民几乎没有关联的人物，带出了对整个BBS往事的唏嘘和回忆。而在正文中，我从丁磊、马化腾说起，几乎很少谈及发明人的故事，却以他为线索，简要勾勒出BBS对太多当下我们熟悉的互联网大佬、太多其他人及我们自己的影响。

这在新闻中叫作接近性原则。尽管表面上这个人物和国内互联网产业及网民之间早就找不出什么联系，但能通过讨论他的功劳与其造成的蝴蝶效应，以一种寻根问祖的方式，引发人们对过去、现在和未来的思考。

再看一个例子，文艺圈在界面新闻上发布了一篇《弱点与平凡：〈万物理论〉之外的霍金故事》。

我们总以为自己了解霍金的故事：他在牛津大学的大学时光；21岁运动神经元出现问题，令人震惊；半个世纪以来，他的身体缓慢衰退；他的两次婚姻；他对黑洞本质的研究，使他成为同时代最杰出的科学家之一；当然还有《时间简史》的出版，这使他成为一位偶像、一位轮椅上的天才。市面上有很多关于他的传记、一本名为《我的简史》的回忆录，还有一部传记片《万物理论》，片中的霍金由埃迪•雷德梅因扮演。而伦纳德•蒙洛迪诺（Leonard Mlodinow）的新作《斯蒂芬•霍金》却与以往的传记截然不同，十分有趣。

这篇文章也是写一个已经逝去的人，只不过霍金的大众认知度很高，尽管他的作品并不好懂，哪怕是通俗读物《时间简史》读起来也有难度。至于人们对霍金的认知，大多就是他的渐冻症和坐在轮椅上的形象。

而这则导语在吊大家的胃口，告诉读者：尽管你未必有太多兴趣了解霍金，但文章可以告诉你一个不一样的霍金。发现名人不为人知的一面让文章对读者有了吸引力。

名人故事似乎很容易让人陷入无关系的误区。但是，在写人物故事时，这个技巧用起来确实很有效果。其实，即使是无关系，哪怕是冷门，也能够无中生有，这不仅限于人或物，也可以是事，如下面这个例子：

没有“256G”的胃，我劝你别吃莜面。

我们带来一口袋莜面，顿顿饭吃莜面……不大一会，莜面蒸上了，屋里弥漫着白蒙蒙的蒸汽，很暖和，叫人懒洋洋的……刚出屉的莜面，真香！……我一辈子很少吃过这么好吃的东西。

——汪曾祺《七里茶坊》

好吃到能让祖籍南方的老饕汪曾祺念念不忘，并在20年后写进小说里的，兴许只有莜面。

这篇名为《一碗碗莜面饺饺饨饨，馋坏了多少北方娃娃？》的文章，确实不能说真的无关系，但对于南方人来说，莜面或许是闻所未闻的事物，所以也就变成无关系了。标题中的“北方娃娃”或许不能吸引人，而导语引用了汪曾祺的文章，加上“没有256G的胃”，非常有网络语言特色，很是吸睛。而随后汪曾祺作为美食领域的大佬，被文章特意指出了他的祖籍在南方，一下子就让南方人感到“无中生有”，来了兴趣。于是，这篇文章也就南北流传了。

但仅仅拘泥于有无强关系而去创作导语依然是不够的，只能算常规写法。如果能进一步提高，效果可以更好。

3.4 有价值：为受众而写，激发出获得感

有价值，就是内容能够给受众带来真正的好处。

当然，很多创作者对于有价值这个概念的理解其实是有偏差的，一些创作者还特意将有价值变成一种功利化的表达，如标题是《4 件小事告诉你 3 天赚 2 万的思维和落地方法》，导语是“今天分享 4 个小故事，这小故事背后却有大力量。因为它能完全地触发你的赚钱思维，带给你不一样的思考角度”。

这样的标题和导语往往说明内容其实很空洞，也没有太多参考价值，仅仅是为了流量而吸引眼球。我把此类看似有价值，其实却没有用的内容称为焦虑文。这种文章针对一部分人群的焦虑来发挥作用。

此外，还有一类是鸡汤文，用看似正确实则荒谬的内容去调动受众的情绪，使人产生暂时的渴望或心理安慰，实际上没有任何价值。而新媒体创作者虽然可以通过这样的内容达到快速传播文章、获取粉丝和流量的效果，但如果要树立自己的品牌，这种做法最终会变成一剂毒药。

价值体现在两个方面：其一是沐春风，其二是及时雨。

3.4.1 沐春风：感到舒服，有收获

所谓沐春风，就是人们读了这篇文章感觉如沐春风，一来验证了自己的想法，二来增长了自己的见识，拓展了知识面，产生了获得感。

这样的导语应该是什么样的呢？

在如今的互联网，遗忘的速度极快，无论多火的人和事，都会像没用的缓存一样被快速清空。

只有一些好奇心强烈的人会偶尔问起："之前那个特别火的冰桶挑战你还记得吗？"

对啊，6年前，为了唤起人们对渐冻症（ALS，肌萎缩性脊髓侧索硬化症）这一罕见疾病患者的关注，许多大咖都发布了冰桶挑战的视频，患者们也纷纷讲述自己的经历。

那么6年过去了，当初那些渐冻症患者都去哪了？他们还好吗？

这个导语有点长，但这篇名为《冰桶挑战过去那么多年，那些渐冻症患者怎么样了？》的文章，却能让人有一种引起回忆的亲近感，毕竟当年这个事件很火热。然而，大多数人对此只是有所知，却不知其详情。因此，这则导语强烈地唤醒受众的回忆，并在第一句给了一个能够接受的解释：互联网的记忆像没用的缓存一样会被快速清空。目的是告诉受众：你遗忘了这件事，但不是你的错，只是快速迭代的互联网让你记不住那么多的事情。

当然，从沐春风的效果来说，它表现得还不够强烈，有点勉强的意味。

人类自从出现在地球上，就开始了对其他物种的探索，而“驯化”更是人类文明向前迈进的一大步。时至今日，人类已经驯化了牛、马、羊、鸡、鸭、鹅等牲畜和家禽，但是，只有一种昆虫被完全驯化了，那就是家蚕。

这则导语用一种科普的方式告诉你，蚕是人类唯一驯化的昆虫。受众就会思考并不知不觉地接受这个观点。接下来，配合这篇文章的标题《一个蚕茧里，有一千米长的丝》，受众能从文章中获得答案，也就有了收获。毕竟，蚕这种昆虫虽然很多人都熟悉，但也只是知其然而不知其所以然的程度，包括养蚕的大户。

这样的内容谈不上和受众的关联有多大，除了激发其好奇心以外，更多是要靠文章内容的价值吸引受众。或许刚开始流量不大，但日积月累，就可以变成爆文，还可能是持续性的爆文，毕竟这篇文章没有时效性。

最新的一项研究发现，其实，科学和宗教信仰之间的冲突不是必然的。这跟特定国家的社会文化背景有关。

这篇内容以标题《迷信的人也相信科学吗？这个回答你绝对想不到》激发读者好奇心，也建立了和许多人之间的强关系，同时也给了有宗教信仰又相信科学的人们一种或许可以解答自己内心里的“悖论”的方法。

你如何定义“稳定的工作”？想换一份稳定的工作，现实吗？

受到这次疫情冲击，企业在人才雇佣方面也产生了不少波折与动荡，更多人开始倾向于找一份“稳定的工作”，但未来的工作和职场将被重新定义，究竟什么才是“稳定”的？欢迎分享你的看法。

这篇文章名为《你如何定义“稳定的工作”？想换一份稳定的工作，现实吗？》，在它的开头，并没有太多注解式的内容，而是一连串的问号。之后在正文中，以各个案例与多方面的解读，让每个关注此话题的人都能有所收获。

不用一开始就下定义，不需要给出一个标准答案，开放式的结果或许会让人更愿意接受。于是，受众就能在文章中得到收获，说不定打开某个心结，心中更加如沐春风。

3.4.2 及时雨：为我而写，谢谢啦

其实，真正要写好开头，先别想着内容和受众的关系是否紧密，以及是否能激发受众的好奇心，而是要想着如何找到受众的痛点，使他们的内心中有一种“这就是为我为创作”的感觉。这就是及时雨的效果。真有了这种效果，好奇心自然就有了，关系自然也就连接上了。

如丁香医生的这篇《白头发会越拔越多？》，话题是常见的，但无论何时都会有人关注。因为，白发出现的时候，可能谁都会焦虑。文章的导语非常简洁。

传言：白头发不能拔，会越拔越多。

真相：不会。

后面的内容延续丁香医生一贯的科普路线，即告诉读者怎么用平常心去理解有了白头发这个事实。既没有引发焦虑，也没有给出所谓的神药，保持了平实朴素的风格。

科普文章容易达成“奇文共欣赏”的效果，其实其他领域的文章也能做到，特别是一些大众颇为关注的领域，比如理财领域。每年都会有一些新颖的理财方案成为风口，也可能成为大坑，比如P2P、盲盒。尽管不是人人都参与其中，但由于其理财的特征，难免会让人心生念想。这时候，提供正确的解答，是新媒体创作者应当做的。

举一个例子，我的《深爱盲盒的人，成不了某盲盒品牌的粉丝》一文，在标题中用对立的方式，制造了一个悬念，用强关系激发起盲盒爱好者的共鸣，也让正在犹豫是否进入盲盒领域的人真正理解盲盒热。

基于这种强关系的受众垂直选择，导语就需要带动话题、引发思考。

“人生就像一盒各式各样的巧克力，你永远不知道下一块将会是哪种口味。”这句《阿甘正传》里的经典台词似乎印证了盲盒热的根源。

靠着“盲盒”理念火爆全国，成立于2010年的某潮流百货零售品牌利润爆发。

文章用《阿甘正传》的台词来说买盲盒就是不断地花钱收集盲盒，然后在拆开那一刻获得惊喜。同时，盲盒也有一定的收藏价值，如果能集齐一整套的话。但这样的热潮到底是如何兴起的？

盲盒为何能从2019年开始，从一个动漫世界的小众娱乐方式变成近乎全民理财的热潮呢？

在导语处答疑解惑，在一开始就做好引导。下面举一个保健品话题的例子：

提到保健品，你会想到什么？是功效奇特、养生保健，还是价格虚高……

保健品的市场向来红火，也不乏争议。不管是保健品的花样还是宣传方式都层出不穷，功效也是吹得天花乱坠。

而中老年人是最容易上当的人群，他们往往被某一夸大功效给忽悠，结果吃什么保健品，都没效果！花了一堆冤枉钱。

今天就科普一些被吹上天的保健品，看看这些年你交过多少智商税……

上面这篇《这14种被吹上天，却没什么用的保健品》属于科普文，文章一开始就抓住了受众的眼球：到底是哪14种被吹上天的保健品没有用呢？对于交了智商税的人而言，这则导语带来了及时雨。

又如下面这篇《这座城市历史上名人辈出，如今却被低估？》的导语：

“隆中”到底是南阳还是襄阳？

这个问题，不但今天的人想知道，一千多年前就有人想知道了。

隆中这个老话题每隔一段时间就会被翻出来议论一遍，于是标题中给出了一个疑问，并告诉受众这座城市名人辈出，导语则提出了一个新的疑问，没有提到隆中出过什么名人。

不过，我们看到隆中，就会想到诸葛亮，只要有他，还有没有出过其他名人就不重要了。对于参与了隆中争议的人来说，每一次看到这样的话题依然会觉得是及时雨，又有人为他们的城市正名了。

下面这篇新浪科技的《微信支付宝打赏女主播 4 万多元，法院为何驳回讨要诉求？》也采用了类似的方法，先说明事实，然后提出问题。

本次热议事件中，有两点值得关注，成年男子打赏女主播的 13 万多元中有 4 万多元是通过微信、支付宝打赏女主播，这部分讨要却被法院驳回，原因为何？成年人与未成年人网络打赏，在是否能追回打赏金上有何区别？

文章的解答能给部分受众带来及时雨，顺便让受众有更多的兴趣去了解，毕竟网络打赏这个功能很多人都用过，了解一下对自己有好处。

3.5 导语也能套格式，四大“萌招”先拿好

万事万物都有规律，导语也不例外。我从 2004 年开始写博客，形成了一套自己的导语写作套路。尽管大多时候，我已经不需要

套用格式了，但保不齐也有思路不通的时候。在这种情况下，看一下自己总结的导语四大格式，往往能启发思路。

请注意，这四大格式并不是我将导语的种种形式都概括出来的结果，而是我认为特别能够产生效果的经验总结。这四大格式是我根据常用的导语格式设计的四大“萌”招：故事蒙、大咖梦、反转萌、观点猛。

先让我们简单认识一下这四大招，下文会逐个详细解读。

故事蒙：让人特别有感触的故事，让受众一时感到发蒙，然后产生“原来还有这么一回事”的感慨。

2018年8月的一个午后，刚从虹桥机场下飞机的斯晗，直接坐着出租车就奔赴上海新国际博览中心。“麻烦快点，赶不及活动了。”斯晗带着浓厚的湖南口音一遍遍地唠叨。

司机是一个30岁左右的上海男人。他忍不住又通过车内后视镜看一眼斯晗，嘀咕了一句：“小姑娘穿着一身汉服，看来是去ChinaJoy（中国国际数码互动娱乐展览会）赶场子的ShowGirl（指在展览会上的表演者）。”这十来年，每年这个时间，都有很多网红、模特或女学生去那里试试运气，看能不能走红。不过，这个游戏展已经越来越没有可看的了。

近一个小时的“摆渡”结束，司机却意外发现，相貌中等的斯晗下车后却没有走向展会的大门，而是径直融入了一群穿着怪异的少男少女中。

驶离展馆前，他似乎看见刚才那个并不太漂亮的汉服姑娘，正走上一个小舞台中央。

“沧海狼烟谁无泪，锦瑟葬花五十弦……”斯晗有点沙哑的古怪歌声，在摇起的车窗玻璃外，渐渐地飘远、消失。

“蛮中国风的”成了司机对这个顾客的最终评价，也不知是点评她的服装，还是歌声。

他并不知道，斯晗其实是一个古风音乐的创作型歌手。当然，就是台下的少男少女也大多不认识斯晗。

在我的这篇以《盗版还是传承？古风音乐，在隐患中崛起的新网红》为题的文章开头，用了一个非常带有场景感的故事，让古风音乐和Cosplay（角色扮演）、ChinaJoy这样只有游戏从业者和资深动漫爱好者才关注的展会联系在了一起。导语快速而间接地勾勒出了整个事件，就好像素描一样，这样的故事让人发蒙，也容易在恍然大悟后有感触。

大咖梦：通过热点、大咖的言行或者其他重大事件中大家并不熟知的内容来打开话题，引发人们的好奇心。

据媒体报道，一位知名F1赛车手正在创办一家电影和电视制作公司。

该F1赛车手的知名度本身就能带来流量，而创办影视制作公司似乎和他的本职无关，导语看似是趣闻，却让人们看到了运动员不一样的创业方向。

反转萌：立足于正反对比，但最好不要太极端，可以通过“卖萌”来缓和一下，反而显得更公允。

你印象中最深刻的爱因斯坦是什么形象？或许很多人会说是

一头乱发，以及爱吐舌头。

这样的形象就和严肃的科学家形象一下子拉开了距离，反差极大，对比极强，却并不让人反感，反而觉得很“萌”。

观点猛：用差异化甚至惊人的言论或观点为之后的内容定下基调，尤其适合述评类的文章。

当人们通过手机一键叫外卖，享受方便的外卖送餐服务时，可能并不会想到外卖骑手在配送热气腾腾的餐食过程中所经历的一次次“生死劫”。当人们抱怨外卖骑手一骑绝尘，横穿马路、闯红灯的时候，可能无法想象这实际上是外卖平台企业通过科学算法精准预测而带来的结果。

在这篇中国人民大学教授马亮撰写的《如何破解外卖骑手的“生死劫”》的网评中，用大家都知道的事实（外卖小哥常常不顾交通规则）和大家都不知道的根源（平台的算法指导），阐述了一个观点，即只有控制了平台这个看不见的手，才能真正保障外卖小哥及更多人的安全。这篇文章较一般意义上就事论事，对外卖小哥或外卖平台批评一通，却毫无实际指导意见的新媒体内容来说，就高出了一筹。

3.6 故事蒙：先代入 + 后感触 + 懵然醒

故事，其实是很难讲的。特别是在导语这个高度浓缩信息，需要“精准爆破”的小空间里，作者几乎是戴着镣铐跳舞。

故事讲得不好会如何？举个例子：

2009 年 6 月，在美国洛杉矶 E3 游戏展举办的微软游戏发布会上，所有的焦点集中在一台酷似摄像头的黑色小东西——Kinect 上。

这是微软配套 Xbox 360 发行的游戏设备，迎合了游戏行业当时的风潮——体感，它抛弃象征着门槛的手柄，通过面部识别和深度感应技术，可以让更多人享受游戏的乐趣。Kinect 被微软视为改变游戏玩法的突破性产品，流行一时，但玩家很快厌倦了它，7 年后的 10 月 26 日，微软宣布 Kinect 停产。

在这则于 2020 年发布的新媒体稿件中，导语是想用故事来开头，但刚刚引发人们的一点兴趣，随后就变成了产品说明书，一下子就让读者味同嚼蜡。

由此，我们得到了故事蒙的第一要素：代入感。

3.6.1 先代入：把人弄到画里去

故事如果不能让受众自己代入到其所描绘的场景中，就会变得无趣。下面举一个能让受众有代入感的例子：

所谓自己的物业，其实也不是真正意义上的买，因为越南对土地交易有限制，因此刘松是通过长租 50 年，拥有对土地的使用权。

以前在东莞的时候，刘松习惯每天早上喝杯浓茶，到了越南之后，则每天早上开工之前，他都要冲一杯咖啡，让咖啡的香气唤醒沉睡了一夜的头脑。这是刘松到越南平阳创业三年以来的生活细节变化。另一种变化就是，从事卫浴产品生产的他经历了东莞式创业后，又根据当地市场，开创了一种平阳式创业方式。

两种方式有什么异同？

故事以小人物的命运沉浮来开头，人物来自市井，所以文章讲述的是老百姓的故事，很容易引发共鸣。而且受众还会有点懵，毕竟文中过去与现在的对比，对大家的常识，特别是对企业家的认知，进行了颠覆。这时候受众就会想要去了解更多信息，并且在大时代变迁的背景中，有创业经历的人会感同身受，而想创业的也会自我代入，以获得参考。此外，受众也会希望从报道人物的经历中得到一些启发。

要产生代入感，还可以描述得更加匪夷所思，让人的想象力被激活甚至难以想象，如果再配合上图片或视频，就能产生极佳效果。比如下面这段导语：

话说前段时间

有一个视频在网上火了

视频中男子拿着一个鳄鱼皮爱马仕 Birkin

出现在女子身边

就在女子和屏幕前的你以为

男人要送出这个包的时候

谁都没想到的一幕发生了：

这包？竟然是纸做的！

还是能拉成手风琴的那种！

这操作

就问谁能想到！

来近距离看看这个“爱马仕 Birkin”

其实整体做得还是不错的

在这篇名为《48 岁大叔神奇纸雕：爱马仕包秒变手风琴，椰子鞋伸缩自如》的文章中，导语用诗歌的形式描述了一个短视频的内容。一句“就问谁能想到！”指出，不仅是这样的行为出乎意料，这样的画面也不容易想象。

随着导语结束，相应的图片出现，读者得以打破文字的壁垒，进入画面中。

3.6.2 后感触：让人入画还微醺

由此，我们从上述导语中得到了故事蒙的第二要素：有感触。

故事如果光靠代入感，肯定不够，还需要令受众在代入之后，对后面的内容确实有感触，进而找到价值。

对抗与对抗中间，生活缓缓流过。一家人颠沛动荡，王老头对外刚硬，但暮色四合，街上行人散尽，王老头像所有该在这个年龄含饴弄孙的老人一样，把收养的小狗搂抱在怀里，那是卸下焦虑和压力的时刻。在那样的时刻，王老头像个内心真正踏实的武汉人，松弛地谈论起成绩优异的孙女。他希望她考上大学，挣脱底层的苦楚，改变自己的命运。

在上面这篇《地摊王与城管恩怨 14 年背后：彼此磕磕碰碰的城市梦》中，专注纪实摄影的谷雨影像用一段平实的文字让人感受到老人的无奈与坚持，以及他对改变命运的渴求。

要想改变命运，他自己又该做什么呢？生活在社会边缘，人们每天总在遇见却从未关注和留意的人又有怎样的辛酸故事？受众或许没有经历，却有精力去思考：如果是自己，能和王老头一样吗？

答案永远是未知的，但感慨确实发自肺腑。受众如果没有感触，那么脑海中形成的画面感和代入感就没有了结果，即使读过了，留不下多少印象，更谈不上后续持续追更了。

但有一点是需要忌讳的，那就是编故事。

曾经有一家影响力冠绝全网的自媒体，以编故事著称。在他们的内容里，隔壁老王、身边同事、不知所谓的李小姐及看似奸邪的马师傅经常挑起话题，最后变成一个个“毒鸡汤”故事。结果，有一次这家自媒体编的故事穿帮了，被全网声讨。毕竟，编出来的故事，哪怕无限接近真实，也永远替代不了真实。

强行编造的故事永远不会像现实一样鲜活，代入感也没有真实的故事那样强烈。至于这类为了让读者产生感触，为了催泪或催笑才编出来的假故事，除了激起一时浮躁，还能如何？只有真实，才能真正打动人。

那有没有开篇内容完全和主题无关的例子呢？有，至于效果如何，请接着往下看。

我有一篇探讨“互联网 +”行业发展趋势的文章，名为《你是第几个被吃掉的取经人？》，标题很吸引人，而且没有与“互联网 +”相关的字眼，不少人看到后就会产生好奇心，并想要点开文章。

点开文章，开头是这样的：

鲁迅先生有句名言：“其实地上本没有路，走的人多了，也便成了路。”

几乎每个中国人都很熟悉这句话，而这句话似乎也是放之四海而皆准。

这句话或许在以前是对的，在别的领域也是对的。但是，在“互联网 +”的世界里，地上确实一开始也没有路，走的人多了，那条路就会成为死路，而非鲁迅先生笔下越走越宽阔的康庄大道。

在我写下上述这段话时，已经是猴年春节，恰巧得知我敬佩的老艺术家阎肃老师逝世，我心中也就自然想起了他那首和鲁迅的名言一样，为每个中国人所熟悉的歌曲《敢问路在何方》。

“互联网 +”的路，此刻正在“敢问路在何方”，而谁会在路上成为被吃掉的取经人呢？

导语采用随笔的写法，用情怀感召读者，逐步使读者自我代入。这是媒体人的专栏写作模式，由于标题具有吸引力，读者会更容易点开文章，而一开场的导语“未成曲调先有情”，使文章有了“不著一字，尽得风流”的味道。读者带着标题给出的疑问继续阅读，其怀有的感触蓄积到最后，便喷涌而发。

由此可见，之前提到的三个“第一”的原则，并非不可打破，但前提是作者有能力驾驭故事的节奏。

3.6.3 懵然醒：入情入境才入心

其实，讲故事是为了进行更深层次的表达，引人思考。否则作者就只是一个故事大王，故事也就缺少了真正的味道。

更深刻的内涵不一定要立刻在导语中呈现出来，但正文必须和导语做出回应。如 2020 年 5 月我在钛媒体上发表的且广泛传播的一篇文章的开头是这样的：

剪了几下热播剧《鬓边不是海棠红》的短视频后，敬亭君又有些心有不甘了。

作为 B 站上的 UP 主，敬亭君从来不认为自己制作影视剧短视频的目的是为爱发电，“多多少少有功利心，也希望流量爆款并带来收益”。

成为“剪刀手”（视频剪辑爱好者）已经有 5 个年头的敬亭君一直都试图“破壁”，参加各种比赛或有奖征集，已经成了他日常创作的常态。

但现在的比赛越来越多，多到每天都有，主流的在线视频平台大多还会为热播剧集发出征集同人作品的海报。

“钱不多，但流量热度确实好。”敬亭君所不甘的是，参加比赛的短视频可能很短命，活动结束后，官方可能就会直接将视频从全平台下架，以侵权为由。

难道所有的制作成品最终都要躺在自己的硬盘里或手机上吗？

敬亭君的不甘，也正成为“剪刀手”们都在犯难的单选题。

导语以故事开头，让受众自我代入情景中，了解到那些通过剪辑影视剧来获取巨大流量的“剪刀手”们其实也很难。解决方案，似乎没有；命运的纠结，深入人心。

想要了解更多信息的需求成为一种驱动力，而正文则给出回答：“为爱发电！在一些UP主看来，是口号，也是底线。但既然做了，就想做好，能够不违规且得到更多的支持，比如收入或流量，有何不可？”

3.7 大咖梦：有反差+新希望+找方向

大咖永远能吸引流量和眼球，所以有大咖来背书往往容易获得大量关注。大咖梦中的“大咖”的定义是宽泛的，可以是名人明星，也可以是名人名言，或者是有价值的权威数据，或者是大火的热点，抑或是足够令人信服的例证。

如果是一个故事，而且是能带来思考的故事，效果会更好。比如我在2022年10月发表的《动画出海，不止星辰大海》中，就讲述了这样一个故事：

1988年，在去世前3个月，日本动漫大师手冢治虫忍着病痛前往上海拜访他敬仰的前辈万籁鸣，并当场画下孙悟空和阿童木的跨时空“合影”。“真正让我大开眼界，深深打动着我，激发我的创作欲望的，是1942年在日本首映的中国第一部动画长片《铁扇公主》。”手冢治虫的话里充满了敬意。

这一印记也留在了他的动漫作品中——手冢治虫的第一部动

画的题材源自《西游记》，最后一部作品则名为《我的孙悟空》。

原来，中国动画这么早就迈开了“走出去”的步伐，并影响深远。

这段导语制造了一个反差，即启蒙日本动漫大师的是中国古典文化和中国早期动画。于是受众的兴趣被激发，也就有了读下去的欲望。随后文章继续讲故事，一步步引人阅读下去。

3.7.1 有反差：大梦先觉不雷同

如果是受众并不熟悉的大咖，那么反差就要用当事人的行动来体现，比如下面这则导语：

离开魅族一年，李楠做出的产品不再像当初的魅蓝那样低价，他发布了一款限量版 6200 元的键盘套装。

在上面这篇以《离开魅族后李楠创立怒喵科技，发布 6200 块的键盘套装，会有人买吗？》为题的文章中，导语并不复杂，和标题雷同。文中反复强调 6200 元的键盘，因为李楠尽管是大咖，可他的名气只局限于业内，外界对他并不熟知，所以李楠这个人就与贵得离谱的键盘就形成了反差，同时在标题和导语中反复强调的魅族是在为其大咖的地位背书。为了更好地形成反差，在文章开头还有一小段摘要，内容很短：

这次，李楠想要的是“慢慢地做一个任性的品牌”。

不需要太多解释，这些信息已经很吸引人了。这两段导语除了有反差以外，还有一个共性，就是提供了一个梦想。但最好不是旧梦，而是新梦。

当然，表达旧梦也不是不可以，但也要做出新意来。比如有的大学开设了特别有趣的专业，这在现在已经不是新鲜事，但如果是开辣条班呢？

继潜江小龙虾学院、柳州螺蛳粉职业技术学院后，又一个地方特产专业班诞生了。

9月15日，辣条发源地湖南省平江县开设了全国首个辣条专业班。该专业班由平江职业技术学校和当地辣条品牌“麻辣王子”的所属公司共建，首批学生有59位，专业设有挤压膨化机理、食品质量与安全、市场营销等课程。

在上面这篇名为《居然，都有学校开辣条专业了》的文章里，导语采用了标准的新闻风格，毕竟是新近发生的事实报道。而作为旧梦，这个辣条班的题材很有新意了。

哪怕反应再迟钝的受众，看到辣条的题材，也会口水泛滥。而反差和新希望，自然也感受到了。

通过制造反差，使从大咖处得来的梦想有更多的可思考的地方，是大咖梦导语产生吸引力的关键，也和重复说明大咖成就的表述方式形成了差异。

先来看一组摄影作品，

这是一座云雾环绕的高山，

半山腰还有一个小亭子，

上面刻着梵文。

这是一片沼泽地，

周围有大大小小几百块植被，

中间的洞穴仿佛是唯一的水源。

这是飞行器在太空中拍到的火星表面，

坑坑洼洼，

看起来却仿佛一座山的侧面。

不对不对。

再仔细看看，

是不是发现了什么？

有没有被骗到？

其实这不是摄影作品，

而是加拿大一位名叫 Guy Laramée 的艺术家

利用闲置的二手书创作出来的书雕作品。

但它是不是非常逼真，

差一点就骗了你的眼睛呢？

第一个作品，

半山腰的亭子，

其实原型就是中国的张家界。

上面这篇名为《他撕毁无数本世界名著，却获 20 万个赞：大自然就是百科全书》的文章中的大咖梦有两个方面：一是一个加拿大艺术家给出新的梦想和可能；二是读者站在巨人的肩膀上，发现原来还可以这样。

同时，作为一篇对旧新闻进行重新整理而发布的公众号文章，作者很“刻意”地在导语中加入了张家界，文章内容就成了外国人眼中的中国风景，还是用真正的大咖们的书雕琢而成，也更加意味深长。

3.7.2 新希望：梦想增倍落差强

大咖梦开头可以用数据说话，科技类的文章特别喜欢这么做。

当互联网进入下半场，5G、人工智能、大数据等技术的应用正在成为新一轮的发展驱动力，由此催生出一个数万亿级别的工业互联网市场。

据中国信通院发布的《工业互联网产业经济发展报告（2020年）》显示，2018年、2019年我国工业互联网产业经济增加值规模分别为1.42万亿元、2.13万亿元，占GDP比重分别为1.5%、2.2%。预计到2020年，国内工业互联网产业经济规模将达3.1万亿元，同比增长45%。

科技类的文章之所以喜欢用数据开头，是因为科技类资讯离大众本来就有点远。比如上述导语所提及的工业互联网，对于大多数人来说都很陌生，因此很难让读者有代入感，那么就只能用数据来震撼读者，形成一个新希望。而动辄用万亿元作为单位来描述事实，则让不了解的人有一种反差感。毕竟，大多数时候，人们习以为常的极大数据单位也就是亿元，因此，万亿元带来的落差和由此引发的对工业互联网的展望也就被放大了。

用大咖梦来打造和现实的落差，还有许多方法，这种落差最终是为了缔造新希望和产生更强烈的刺激。类似的套路还有很多，关键是看内容创作者如何归拢已有的材料。

《变形金刚》前传《大黄蜂》（*Bumblebee*）由导演特拉维斯·奈特（Travis Knight）执导，承受不小的票房压力。

但其实他真正的身份是富二代，爸爸是知名运动品牌耐克（Nike）创办人菲尔·奈特（Phil Knight），过去多次以叛逆性格证明自己不需靠爸爸，如今接拍《大黄蜂》可说是背水一战。

如果没有成功，就要回家继承307亿美元的庞大家产。

这是在2018年6月电影《大黄蜂》上映前后，许多自媒体都在不停复制的开头。理由很简单：大咖梦还可以制造这样的反差，足以激荡人心。至于反差有多大，只有读者知道。只不过，这位富二代的励志故事，能让多少幻想成为富二代、认为学得好不如投胎好的人重新激发斗志，就不知道了。

3.7.3 找方向：诗和远方不再远

如果给出梦想，却没有方向，再美好的梦想都是虚无的。读者总要有所收获，如果文章只是在“画饼”，总归无法让人“充饥”。前面提到的种种梦想，其实都在告诉读者一种可能——努力，并打开思路，就会有所成就。

创作大咖梦导语时也要注意，别让读者觉得无法够到“诗和远方”。大咖的成功没有可参考与借鉴的地方，岂不是浪费读者的时间吗？

3.8 反转萌：换角度 + 卖点萌 + 求理解

前面也说过，大咖梦要制造反差感来增强吸引力。此处注意，反差和反转不一样。反差总体还是在不改变本质的情况下，与原来的事物有差异，哪怕落差很大。但反转强调的是正反变化，给人一种颠覆一切的感觉。

这样的感觉又该如何呈现呢？

历史上，老清华长期以卓越的教育质量而闻名遐迩，培养过成千上万的毕业生。但同样值得注意的是，清华历史上也出现过相当数量的“未毕业生”，其中不乏各路才俊，甚至不少人成就卓著、蜚声中外。

这篇名为《那些优秀的清华“未毕业生”们》的文章用了一个反转：清华大学的学子自然是学霸，那么未毕业生呢？或许我们更熟悉的称呼是肄业生，他们的情况又如何？通常，人们印象中的未毕业生都是学渣，哪怕在最高学府也是。可反转来了，他们中也同样不乏成就卓著者。由此，人们的好奇心顿起。

3.8.1 换角度：横看成岭侧成峰

其实很容易发现，反转的第一要素是角度不同，打破惯性思维，即换个角度，风景不同。比如下面这则丁香妈妈公众号发布的文章的导语：

养娃之后，会遇到各种各样棘手的问题，但有一件麻烦事，几乎每对父母都要操心，那就是吃手。

3个月的宝宝为啥每天都吃手，以后养成坏习惯怎么办？

宝宝1岁多了，不吃手，就不睡觉，怎么办呢？

2岁宝宝还在吃手，怎么才能戒除呢？

宝宝的手指难道真的抹了蜜了？咋就这么喜欢吃手呢？

今天，我们就听听宝宝自己是怎么说的。

按照惯性思维，在文章抛出为什么宝宝喜欢吃手的疑问后，一般会接上“听听专家、医生、育婴师或其他各类成年人怎么说”，而这篇文章则直接变成了“听听宝宝自己是怎么说的”。可3个月的宝宝怎么说话呢？这就有了悬念，或许后续有反转，吸引读者一看到底，哪怕读者不是有孩子的父母。

如果能持续出现反转呢？当然，这主要看素材如何，但也和创作者的笔力有关。比如下面这段：

今年9月，著名建筑师、艺术家林璎的新书出版。

林璎今年61岁了，出生在美国。1980年，21岁的她还是耶鲁大学的一个大三学生，但因参加了美国越战纪念碑设计大赛，从1421个设计方案中脱颖而出，赢得了这场美国有史以来最大的建筑设计比赛，一战成名。

如今林璎的设计作品遍布美国各地，凭借出色的建筑、艺术作品，林璎两次被美国总统授勋，2002年，林璎以压倒性的票数，当选为耶鲁大学新任校董。

2005 年，和希拉里·克林顿一起入选全美女性名人堂。

讲述她事迹、成就的纪录片《林璎：强烈而清晰的洞察力》夺得 1995 年奥斯卡最佳纪录片奖……

而在中国，她也有一个显赫的家族。

她的曾祖父是清末革命家林孝恂，祖父是政治家、教育家林长民，叔祖父是黄花岗烈士、《与妻书》的作者林觉民，而她的姑姑是建筑家、诗人林徽因，姑父是建筑大师梁思成……

在这篇名为《林璎：我 21 岁之前，都不知道自己家世如此显赫》的文章中，第一个反转其实在标题上，林璎是何许人？她在设计业界之外或许鲜为人知，而她为何 21 岁之前不知自己家世显赫？这就留下了悬念。

导语一开场说到了她拿下大奖，时间定格在她 21 岁，解开一个悬念：或许是因为媒体揭秘而让她知道了自己的家世。接下来不谈家世，而是继续说她的成就，每一个成就都震撼人心，把悬念推向高潮。虽然读者仍不知她的家世如何显赫，但可以知道她的成功不是借助家世。最后落回对家世的介绍上，举例出一连串的名人，立刻让人惊叹其家学渊源。

不过，有一点还是要注意，这个素材虽然让人崇仰敬畏，也会让普通人读后觉得不接地气。

3.8.2 卖点萌：谁不喜欢小可爱

那可不可以卖萌呢？卖萌的意义在于会让反转变得更加柔和，让人接受时震撼不减，但也不至于自惭形秽。卖萌可以是让人会心一笑。

男人变老的标志之一，就是激情的消退。

一个不可逆的变化趋势是，你身边那位走在路上会忍不住抽风练习后仰跳投的男孩，总有一天会变成马路上遛弯儿逗鸟的中年大爷。

而他们的朋友圈，也会慢慢从游戏、球鞋，过渡到“抬头指点特朗普，低头怒写打油诗”。

然而有一种热爱，却仿佛刻在了全世界男人的基因里——上到九十九下到刚会走，没有一位男性能抵御挖掘机的吸引力。

这篇《为什么施工的挖掘机旁边总是“长”满了男人？》展示了男人“蠢萌”的一面。

又比如下面这则导语，通过一本正经的卖萌吸引读者。

中医有极其深厚的文化底蕴和神奇的疗效，然而受现代医学影响，中医渐失本色。

相信每个中医药人都经历过误解、排斥、诋毁……

欣赏这首《我是中医》，上口的rap带你领略中医之美！

文字很正经，跟在导语后面的视频才卖萌。这颠覆了人们对中医的惯常认知，也更加贴近年轻人的喜好。尽管听完之后，不少人可能依然糊里糊涂，但至少能让人们多一份对中医的理解和认同。

卖萌是为了迎合受众的兴趣，轻松交流的姿态总是比板着面孔、一本正经地训话让人感觉舒坦得多。

3.8.3 求理解：生冷知识易吸收

由此，我们还能发现反转萌在一些内容上具有的价值，特别是一些生僻冷门的领域，它们可以通过卖萌让人立刻产生亲近感，并容易让人消化和吸收当中的知识。

这一点上，最好的典范其实不是新媒体内容创作者的作品，而是一些网络上玩转电商、引领国潮的非物质文化遗产。

故宫博物院就做得很好。从《我在故宫修文物》到《如果国宝会说话》，从《国家宝藏》到《上新了故宫》，传统媒体与故宫的合作相得益彰。另外“故宫社区”App 上线，整合故宫资讯、导览、建筑、藏品、文创等 10 余类相关文化资源与服务形态，相关的淘宝店、微信公众号也开始出现，使更多的故宫内容在移动互联网上传播，让故宫得以与网民零距离接触。

2016 年故宫博物院推出的“皇帝很忙”“Q 版韩熙载”等表情包，在登录 QQ 表情平台后不到一个月，使用量就接近 4 000 万人次。2018 年，多个知名音乐人为故宫藏画《千里江山图》创作的单曲《丹青千里》上线，两周后即获得亚洲新歌榜亚军。故宫在各种新媒体类型上都占据了一个席位。

萌，而且带有反转味道的萌，是其撬开流量的第一把钥匙，图 3-1 是故宫淘宝的一则微博截图。

图 3-1　故宫淘宝的微博

首先，这条微博的反转萌让人耳目一新。接下来，才是让故宫的厚重历史润物细无声地走入每个人的心里。

这一点值得新媒体内容创作者借鉴，而且易于学会。

3.9　观点猛：硬植入 + 软着陆 + 有个性

对于内容创作者来说，新媒体创作最容易做到的，就是提出一个观点。但最难做到的，也是提出一个观点，一个与众不同也不是胡说八道的观点，至少要经得起考验。

在创作中，观点放在哪？我只能说，新媒体也是媒体，都要有自己的态度，没有态度的新媒体，或许很火，但也就仅此而已。观点就是新媒体的硬通货，至于观点放在哪里，每个新媒体在处理不同的素材时，会有不一样的考虑：也许在标题、导语里，或者藏进内容中，又或在结尾处。

3.9.1 硬植入：砍上一刀要见血

导语的数字不多，如果植入观点，较为合适的方法就是硬植入，生生地来上一刀，立刻见血。

在这篇《诺兰离奥斯卡还差半个斯皮尔伯格》中，标题也是观点，只是令人看不懂。而在导语中，观点被反复强调。

英国导演克里斯托弗·诺兰有一项罕见的能力：通常观众看不懂一部电影，会觉得导演或编剧有问题；而诺兰的电影如果看不懂，观众会觉得自己有问题。

的确，如果一个导演的作品在豆瓣上平均分是 8.7，在 MTC 专业打分有 74.6，在烂番茄媒体新鲜度有 85%，10 部作品收获 42 亿美元票房，作为商业片导演没赔过一分钱，作为艺术创作者没出过一部烂片……有这些成就记录，你也会觉如果看不懂他的作品，纯属这届观众不行。

如果看不懂，是观众自己有问题，这种相当强硬的态度其实非常符合诺兰的“烧脑”大片一贯的风格。对于对他感兴趣的人来说，这种居高临下的姿态，配合上诺兰的“烧脑”大片，还是很有代入感的。

更重要的是观点够猛，一下子发人深省。类似这样开篇明义、直接亮出府库刀枪的导语还有许多，如《这部 1509 集的成人动漫，原来暗藏这么多秘密……》的导语。

第一批“90后”已经30岁了。

不知你是否意识到，蜡笔小新也是30岁大军的一员。

时光回到1990年，“小新之父”——原作者臼井仪人开始连载漫画，小新自此陪伴我们长大、恋爱、工作、结婚、生子30年。

不幸的是，51岁的臼井仪人在2009年因意外跌落悬崖去世。今年4月，为小新爸爸“野原广志”配音的声优藤原启治，因癌症去世，享年55岁。

小新的两个“爸爸”都离开了，这确实令人悲伤。

好在精神长流，这个长不大、永远留在5岁的孩子的笑容，始终由我们守护。按作者臼井仪人的话来说：“只有快乐的人，才能传递快乐。”

如今再看这部长达1 509集的成人卡通，后知后觉，原来美满的童话之下，掩盖着沉甸甸的现实。

文章一开头就告诉受众，蜡笔小新已经30岁了，他陪伴的孩子们现在也到了而立之年，童话里的故事饱含着沉重的现实。

而下面这篇《卖完咖啡卖面膜，某老字号早就不是一家点心铺了？》则十分简洁地用一个近似于回环对仗的句式来开玩笑，当然也道出了“心声”。

每个去过天津的游客一定会去吃某老字号的点心。

每一个吃过某老字号点心的游客一定会后悔。

老字号陷入了窘境，怎么办？观点亮出了，后面的内容就是现实的问题和破解之法。

同样，在我的文章《为了防沉迷！游戏厂商，何不与未成年人断舍离？》里，导语直接将标题所提出的问题引到更深入的思考中。

其实，和未成年人断舍离，对于游戏厂商的利益来说，影响不大。

毕竟，消费主力是都市白领，未成年人只是未来的主力而已。

既然关联不大，为何不能断舍离？既然利益不大，为何不能断舍离？过去很多人认为未成年人为游戏厂商贡献了主要的收益，这凭借的是自己少年时的记忆。但此一时彼一时，当下的游戏其实是成年人的游戏，难以断舍离的原因或许是修建阻拦未成年人的堤坝难度太大，成本也高，技术难题同样不少。

只要你的观点足够猛，那么在标题和导语中都进行观点上的强调，可以形成更强势的输出，没有什么能够阻挡你。

2019 年 7 月，我的文章《今天又涨价！共享单车，距造血止血还要涨多久？》在多平台爆火，光是搜狐号阅读量就有 102 万次。成功的要素就在于标题中的两个“涨”字和导语呼应，观点直指靠涨价来“止血”是没有用的。

今年 4 月份，某共享单车在北京试行涨价后，如今，上海、深圳等地也要涨价了。

近日，该平台方面传出消息，7 月 26 日起，将在深圳、上海、佛山、厦门和广州 5 地宣布新版计费规则，价格略有上涨。

据了解，和此前调整时长费相比，涨起步价似乎来得更直接。

因为，共享单车之间无力再搏杀，在用杀敌一千、自损八百的方式竞争也不会根本性地改变格局的背景下，价格联盟也就自然形成了。

这里有两层观点，都蕴含在“涨”字中。前一个“涨”字指新一轮的涨价，并且是明着来涨起步价，不再像过去那样遮遮掩掩；后一个“涨”字指不遮掩涨价措施，因为共享单车已经形成了价格联盟，一起涨价，因此也就不怕失去用户。

前一个“涨”字表达浅显的观点，是硬植入，受众看过会感到愤慨；后一个“涨”字表达深度观点，让受众的情绪回落，引导其了解共享单车涨价的前因后果和深层原因——生存问题。这也是观点猛要具备的第二个要素：软着陆。

3.9.2 软着陆：套上护甲做缓冲

硬观点常常单刀直入，直切要害，要么不亮出观点，要么亮出的观点就要“见血”。但太过强硬的观点也有一个弊病，就是用户点开一看，如果接受不了该观点，就果断放弃阅读。因此，在观点太过生猛的情况下，有必要采取软着陆的方式，形成缓冲。

所以，在关于蜡笔小新的那段导语中，作者铺垫较多，因为观点可能让人感觉不适。而在关于诺兰、游戏防沉迷的两则内容中，做铺垫则大可不必。因为观点一出，许多人就能跳出惯性思维，并不需要太多引导。

再看一个例子，或许你对软着陆的理解会更加清晰。

年轻人中的流行总是变得那么快，前几年，身穿破洞裤，戴着渔夫帽、十字架项链的我曾站在中文系的潮人圈顶端，今年我才知道这种穿搭会被人叫作“亚逼”。

知道这个称号还是前几日，钛媒体在微博看到有人评价一位摇滚圈人士的穿着：“文身唇钉拉链裤，这人也太‘亚逼’了。”

“亚逼”并不能算褒义词，至少去年部分文章谈及它的时候是嘲笑猎奇的意味居多。

小鸡词典中对于“亚逼”的解释为：“‘亚逼’也叫亚逼土狗，指结合 Ins 风、韩范、日系为一体的一种多元素混搭的大杂烩式穿衣风格。”这句解释里最精准的词是“大杂烩”，因为“亚逼”内部也分为多种流派，且流动性非常强，并随着不断的重构衍生出更多含义。

“跳海大院”进行了一系列观察后称：“非要去形容‘亚逼’的样子，我认为‘亚逼’是没有固定样子的，亚逼本身就是一群在不断重组、解构自己的群体，当你有足够多的奇思妙想，又想批判点什么时，你或许就在无意间成了‘亚逼’的一分子。”

在这篇《给“亚逼”一个定义，一千个人有一千个看法》中，导语用了不少的解释来诠释“亚逼”这个让人看着发蒙的词，然后给出一个观点：你或许就在无意间成了“亚逼”的一分子。

前面的铺垫不仅仅是为了解释名词，而是让受众“入吾彀中”。等到观点亮出，受众再一想“似乎还真是如此”，那作者就达到目的了。

如果观点很猛，可以先打在预先给受众准备好的棉花上，也就缓解了冲击力，受众也会更能接受。

3.9.3 有个性：内服外敷有良药

观点猛的本质体现为匕首投枪，这原本是用来形容鲁迅杂文风格的词。

对于大多数新媒体创作者来说，鲁迅杂文的高度是难以企及的，但至少可以做到有个性，或者说在文字上有自己的风格。

比如我在 2020 年 8 月被钛媒体、人人都是产品经理和澎湃新闻推荐的文章《缺一味的夜经济：忙着“进口”、丢了“土著”》，导语就走个性化的路线，从而和彼时大多数谈夜经济的文章形成了差异。

疫情常态化之后，夜经济成为了反映一个城市快速复苏的窗口。

然而，就如受天气和品类影响极大的地摊经济一样，夜经济也在霓虹灯重亮的短时繁华之下，开始陷入了自己的流量陷阱中。

不想千篇一律，却不知从何入手，最终选择的都是“进出口”项目。

但这并不是夜经济的全部，古代的夜经济往往更有诗情画意。

君不见，自称酒中仙的李白，每每和岑夫子、丹丘生聚会，都是“人生得意须尽欢，莫使金樽空对月”。

君不见，辛弃疾的吟唱：东风夜放花千树，更吹落，星如雨。宝马雕车香满路，凤箫声动，玉壶光转，一夜鱼龙舞。

尽管或许有人会说，那不过是李太白的个人癫狂，又或者是稼轩居士在上元灯会这样较为特殊的时节偶遇的情景，但这些诗词一语道出了日出而作、日落而息的古人们对夜的癫狂。

其实不难理解，白日里压力越大，越需要夜的温柔。

2020年的新冠肺炎疫情常态化之后，作为人间烟火气的一个体现，夜经济更有了时代的担当，也表现出了在疫情防控期间“憋坏了”的国人的渴望。

夜经济的关键词很容易总结，四个字足矣：吃喝玩乐。

时下的夜经济的误区也一目了然：大多在“吃喝”上折腾，却把带有文化意味的“玩乐”给遗落了。

开篇亮明刀枪：夜经济太过于偏重“进出口”（夜宵），却遗漏了古已有之，无比风雅的（在李白和辛弃疾眼中）夜晚。这一观点表达出了对文化的渴望，而先贤则提供了典范，这就是夜经济误区的良药，每个人都不会觉得观点偏颇，而是自有一番味道。伴随着后面文章的展开，更多的良药出现，内服、外敷，也就有了疗效。只不过，导语中的这一味药给充满人间烟火气的夜经济增添了风雅清新的味道。

当然，和之前的套路一样，观点猛的三元素并非三要素，要根据素材特征和具体观点搭配使用，才是“居家旅行，必备良药”！

3.10　套路这么多，怎么选？术业有专攻

导语的套路其实还有很多，每个人都会在创作之路上形成自己的心法。

比如早年间，我也曾结合前人的总结，针对网络新闻的导语写作，在《实战网络营销》中提出了5种极简套路。

3.10.1 一语破的法

好的导语要做到“抢耳”“抢眼”，用最短的文字一语破的，无疑会起到开门见山、立竿见影的效果。那么落到实处，该怎么做呢？

历史上最有名的此类导语是杜鲁门宣告日本投降的新闻，只有 5 个字，干脆利落：

日本投降了。

又比如这样一则导语：

iPhone 降价了，首破 5 000 元，联通和苹果于今日一道宣布此项决定，并将在近期给 VIP 用户更多优惠。

甚至不用看正文，你就已经感受到冲击力了。

3.10.2 设置悬念法

在导语上设置“悬念”，先不直接说事情，而是吊起读者的胃口，“逼”得对方不得不继续读下去。

曾经看到一篇报道，导语是这样写的：

广交会上传说着这样一件事：一家 B2C 的职工，“救活”了两只鸳鸯，挽回了一大笔外汇。

为什么要“救活”鸳鸯？“救活”了两只什么样的鸳鸯？又怎样挽回了外汇？导语对此一概不提，要想知道详情，就得往下读。

3.10.3 速写勾画法

文章一开头，若能先将人物和地点描述一番，勾勒出一幅图画，使读者如临其境、如见其人、如闻其声，那么这条新闻的可读性就会大大增强。

比如一则介绍一家教授游戏研发技术的培训机构为青年就业铺平道路的新闻，其导语可以是：

走进教室，这里更像一个数码工作室，22岁的小陈正在那里用计算机绘制着一幅颇似指环王的原画，而他的同学小周则穿着动作模拟服，正在为游戏人物的动作设定做最后的操作尝试。

又如下面这篇我于2019年3月获得青云奖的《有病：有一种至尊爆米花上瘾，叫作斯坦·李综合征！》，导语同样使用速写勾画法：

如果硬要给金庸冠上爽文至尊的名号，估计不仅他本人不乐意，就连那个紧跟着他之后而去的老龙套斯坦·李也表示不服。

在全世界都为漫威超级英雄制造的爆米花上瘾的年代，谁又能和斯坦·李比爽呢？

有一种至尊爆米花上瘾，叫作斯坦·李综合征！

作为漫威宇宙的执笔人，斯坦·李的路数也是爽文，还有图有真相。

但他的宇宙秩序和金大侠的江湖规矩截然不同。

同样是有主角光环，同样是奇遇连连，漫威宇宙的玩法是至尊爆米花模式。

作为当时纪念金庸与斯坦·李逝世百日的文章，我用读者熟悉的金庸作为引子来勾勒斯坦·李的模样，很快把大家带入武侠与科幻的世界之中。

3.10.4 抑扬顿挫法

报道的表现手法可以多样化，或先抑后扬，或先扬后抑，一起一伏，峰回路转，使文章耐人寻味。

如上面说到的某培训机构的新闻稿，可以将导语变成这样：

在这里，每一个学生都在玩游戏，每一个老师都符合网瘾精神病的标准，他们每天都超负荷地在游戏世界里打拼。然而，没有一个家长反对，因为这是一所学校，以教授学生制作游戏为内容的全新的技术培训型“大学”，学生在这里所做的一切都是为了完成学业。

又如下面这篇我在 2019 年 3 月拿到今日头条青云奖的文章《你还记得那条“贪吃蛇”吗？作为最长寿手游！它竟是一个“70

后”》，导语是这样的：

在游戏的世界里，打通关是一个游戏高手的标志，然而有永远无法终结的游戏，如俄罗斯方块，也就必然有任何高手都一定会“Game Over”的游戏。

这其中的经典当数贪吃蛇（Snake），在20世纪90年代末，随着诺基亚手机旋风席卷全球的贪吃蛇，就是一款必须“死”的游戏，谁让这条蛇贪吃呢！

但这款永远只有“Game Over”一个结局的小游戏，可能是世界上拥有最多玩家的游戏。

短文给出一个游戏高手也无法达成的任务，并揭示其为贪吃蛇，受众则会心一笑。

3.10.5 有意重复法

导语最忌颠三倒四地重复一句话，这样既浪费时间，又浪费版面，还会使读者云里雾里。然而，对于一些特殊的题材，刻意地重复一些关键词语，反而会收到一些意想不到的效果。

500万！500万玩家正在翘首等待魔兽世界开服。500万！历史上最多的游戏玩家正在同时感到寂寞。

作者特意重复使用了两个带感叹号的“500万！”加深读者的印象。

3.10.6 一招鲜吃遍天下

其实，套路还有许多，一一列出来也不是问题，不过在实际操作中就有问题了——套路这么多，到底选哪个好呢？

当然，答案不是那种“运用之妙，存乎一心”之类玄而又玄的车轱辘话，也不是所谓“手中无剑，心中有剑”之类只有高手才能真正达成的境界。答案很简单，术业有专攻，对着一个看准的套路往死里练，自然也就学成了。

这就好像郭靖和杨过。郭靖一辈子练得最多的就是降龙十八掌，所以功夫练到深处，早成大侠；而聪明如杨过，各种极品武功都练过，却练不到家，结果机缘虽多，总是难以大成，直到断臂之后专注练剑和练掌，才练成大侠。

既然说到了金庸的作品，就用六神磊磊举例吧，我们随机挑选 2020 年 8 到 9 月间他的三篇文章。

8 月 21 日《乔峰的男朋友》：

乔峰这个人，一直缺一个男朋友。

他倒不缺女朋友，尤其是人生前半段，女性对他而言可有可无，就算遇见了阿朱大概也擦不出什么火花。他真正缺的是一个可以说话的男性朋友。

乔峰的前半生有两个特点：第一是成功，极其成功，弱冠之年便执掌天下第一大帮；第二是孤独，特别孤独，根本就没有适龄的玩伴。

9 月 13 日《金庸告诉我们：什么是出生的烙印》：

出生的烙印，刻在每个人的深处。

看韦小宝，做了天地会的香主、神龙教的白龙使、清凉寺的高僧、御前侍卫副总管、抚远大将军和鹿鼎公，人前人后威风凛凛，可所有这些，都比不上丽春院带给韦小宝的影响深远。

那是出生的烙印带给他的影响。

9月17日《金庸职场学：我不是不爱上班，只是不爱开会》：

我说过金庸是一个职场大师。今天聊点职场的，说说开会。

职场上，一大半的学问都集中在开会上，一大半的痛点也都在开会上。

职场上基本分为两种人：一是开完会就不用工作的人，二是开完了会还要工作的人。你们自己想想自己是哪种人。

对于第一种人来说，开会是不是高效、精简、能解决问题，基本无所谓。

他们开会有一套日积月累形成的流程：泡茶、暖场、听会、上厕所、发呆、再上厕所、闲聊、散会、吃饭。

如果会议太便利、太精简，他们反而不习惯了：剩下的时间干吗去?

为什么有人散会之后爱到处找人聊天？因为他们不知道该干吗去。

而第二种人就希望开会效率高，更方便快捷。

为什么？因为他们开完会还要干活。

三篇文章的导语的个性都很鲜明，很有新闻记者的特色，即导语的第一句话就开宗明义，也留下悬念。

同时，作者在导语中不断地发出议论，类似新闻述评，进行归纳总结，并给出一个定义，由此来为后续展开证明确立基调。

尽管六神磊磊不是每一篇文章都采用此类导语，但大体上的风格都是如此。这是六神磊磊式的开头，就如同他每次在文章中冷不丁会硬植入一句“我的职业是读金庸”这样的话，形成了一种文本标签，也让熟悉他的粉丝每一次看到熟悉的文风和新鲜的话题，都会读到最后，并感到回味悠长。

其实，在新媒体领域，这种范式很常见，我们可以称之为风格。尽管按照文学理论，“风格”二字要作者卓然成大家才能配得上。不过，新媒体也可以在宽松的定义上拥有风格。

此前也提到过某个曾经影响力冠绝全网的自媒体，每篇文章都爱以故事开头。其行文里常见“我的朋友”“我的同事”“我的某某”，论述了各种来自身边人的奇闻轶事，收获了关注和流量，也收获了巨额的商业利益。

虽然这家自媒体最后因为编故事而出事了，但这也算是一种风格，只是它把“真经”给念歪了。我们还是要正儿八经地专攻某一个风格才行，否则，再好的开头也不能拯救跌落神坛时的落寞。

第4章 正文

量好内容“三围”，拿到顶流入场券

二八定律并不适用于新媒体，在这个领域，顶流是“万人为英”。《淮南子》中说：“智过万人者谓之英，千人者谓之俊，百人者谓之豪，十人者谓之杰。”其中的“万千百十”是虚数，而“英俊豪杰”的划分却是真的存在。

新媒体中的顶流占比便是如此。有数据显示，仅在2017年，新媒体行业从业人数就已达到300万。然而，你能记得住的新媒体有几个？如果算上没登记的自媒体和各种发短视频的网红，新媒体岂止千万，而世人能知道几个？

想要从如过江之鲫的广大竞争者中脱颖而出，其难度不亚于从百万军中取上将首级。但如果修炼得法，也未尝不可做到。

知道了标题和导语的写法，只是打下了入门基础，真正决定行业地位的关键，还是正文。本文将分别就内容和观点两方面进行拆解。

本章先从内容开始，量一量内容的“三围”，重点解决三个问题：

- 正文的要素如何布局，才能提高注目率？
- 框架如何搭建，才能让人一阅到底？
- 正文写作的格式众多，如何选出最适合自己的？

4.1 抓住 92% 的注目率，要注意什么？

参考传统新闻对文章结构的划分，文章可以分成五部分：标题、导语、主体、背景、结尾。

标题：概括主要内容。

导语：导语是开头的一段话，要求用简明的话概括最基本的内容。

主体：主体是主要部分，要求内容清楚、翔实，层次分明。

背景：背景指的是内容发生的社会环境和自然环境。

结尾：是对内容的总结，有些内容可无结尾。

4.1.1 为何只留标题、导语和正文

我一贯认为结尾留给读者，即留下一个思考的“尾巴”为好。话不可说尽，说尽则缘分早尽。所以我的观点是，无结尾的结尾是最好的结尾。

至于背景，往往和结尾一样，可以融入主体。通常可以把主体、背景、结尾全部看作正文。

新媒体也是媒体，即使在体例、结构上不像传统媒体那般受到通讯工具和内容载体的束缚，但大体上依然可以用这五个部分来分析结构。如果简约一点，就可以将背景、结尾与主体合并，

变成正文。

于是，新媒体的结构可以简化为标题、导语、正文。

不过，导语和正文也并非截然分开，其实导语在很大程度上是融合在正文之中的，起到先声夺人的效果。

那么正文到底有多大的战斗力呢？有一项针对网络新闻的研究能说明问题。美国斯坦福大学和佛罗里达大学波伊特（Poynter）中心的一项研究表明：网络读者首先看的是文本。整个测试的结果是，新闻提要的注目率是82%，文章本身的注目率是92%，网页上出现的图片的注目率是64%。研究中所指的新闻提要近似于导语，在文章最开头出现。显然，文章本身，即正文的注目率最高，也是整个内容的灵魂所在。

标题把人引进来，导语把人留下来，而正文最终让人了解你所要表达的一切，并实现圈粉的目标。要想让正文抓住92%的注目率，达成最大效果，其核心就是一句话：不问能不能，而是必须长话短说。

尽管新媒体的内容可以相对轻松、多样化一点，但实质上和传统新闻并无二致，它们都是由消息、通讯和深度报道组成的。只是对于网络阅读来说，一次写出一篇超长的文章可能会费力不讨好。

4.1.2 长话短说，但别少于800字

进行新媒体创作时，要时刻提醒自己，在网上看文章的人很少会去阅读超过2 000字的文章，如果换成视频或音频，则是不会超过10分钟（朗诵速度以每分钟200字为佳）。超过了这个数字，受众会有厌倦感。

当然，特别能让人沉浸的内容可以打破这一限制。字数的限制并不是固定的，而是惯例。因此，关键就在于长话短说，说得精彩。

此处又有一个疑问，长话短说，到底该有多短呢？这就是传统新闻和新媒体内容的区别了。传统新闻受到版面、通讯技术和播出时长的限制，往往强调言简意赅，甚至可以短到只有一句话。这种习惯同样出现在传统媒体的新媒体创作中，如一些新媒体平台就有许多类似快讯的“版面”，其内容往往和标题等长，甚至内容就是标题。但那是特例，而且也是新闻。对于大多数新媒体从业者而言不可如此，原因有三。

其一，新媒体创作者大多时候并不采集新闻，甚至没有新闻采访资质，因此创作的内容大多是资料的二次加工，内容短不到哪里去。

其二，时至今日，无论是自媒体还是融媒体，都在多平台进行内容分发，而许多新媒体平台本身对于正文是有字数要求的，一般是字数大于或等于 800 字，图片大于或等于 6 张，否则就会影响算法推荐。

其三，若内容太短，就不能很好地进行表达。新媒体还是要有自己的态度，观点或许只有三言两语，可诠释观点就需要好几个段落了。传统媒体的新闻是对新近发生的事实的报道，说清事实即可，但新媒体大多数时候的内容创作需要有态度，有温度。

4.2　给“5W”加个“H”，要给受众塞“好处”

很多人接受过的写作训练，都了解过“5W”原则。即何时

（When）、何地（Where）、何人（Who）、何事（What）、何因（Why）。换言之，只要时间、地点、人物、事件、起因、都齐了，一篇文章也就完整了。

“5W”原则同样也被新闻创作奉为圭臬，缺一不可，但也不必多。

从新闻的角度来说，客观报道本就该如此，五大要素齐全，记者不能自己跳出来对内容进行臧否，否则就变成了新闻评论。但对新媒体来说，创作者要展现自己的态度，且大多数新媒体内容并不是新闻采访，创作者要对既有新闻进行再加工和引用，或者对自己体验到的市井百态、技术创新有所表态。因此，在新媒体中，往往出现新闻与评论的糅合。

于是，在“5W”都满足的同时，还要多回答一个怎么办（How），即提出方法。这不仅仅是评论，而是作为新媒体，想要在众多同主题内容中脱颖而出，最佳也最便捷的途径就是给受众提供方法论，让他们真正读（看、听）有所得，产生获得感。

4.2.1 多个“H”，多份获得感

能够持续让人有所收获的新媒体，自然会吸引人们持续阅读。人们还会为了方便阅读而关注它。

那么怎么添加方法才合适呢？我们先探究一下受众的阅读心理。这是新媒体创作者与受众之间的关系的真实窘境：你给的，不一定是我想要的，没得选时，我会看看；我要的，你总是忘记给我；有得选时，我不来了。

关键在于新媒体创作者要在脑子里绷着一根弦，想着怎么让

受众满意。当然，创作者的心态有一个演变过程，尤其是在互联网上的内容创作中：

我有个好东西，你快来看，爱看不看——这是初代博客作者的心态；

我有个好东西，怕你不来，我放点味精、鸡精——小米公司就是如此，要出新产品就和粉丝聊聊，聊完以后，为粉丝调整产品参数；

我有个好东西，为了让你看，我把它打扮成你喜欢的样子——比如罗振宇用讲故事的方式卖冷门书籍。

诸如此类的心态没错。只是，这依然是按照最传统的受众心理学来进行内容销售。大前提都是“我有个好东西”，只是不断地根据所谓目标群体的潜在需求，对产品进行更多的包装。

不妨反过来问自己一句：粉丝，或者说受众，到底从你这里获得了什么？

很多新媒体创作者会说，他们获得了很多。

但真相是受众获得了许多他们未必需要的内容，仅此而已。

忘掉“我有个好东西”这种想法，新媒体创作的爆款才能诞生。粉丝的刚需摆在那里，他们需要从你的内容里获得实实在在有用的东西，而不是看起来信息量满满、个性化十足，却依然可有可无的东西。

以前没碰到能满足刚需的内容，或者苦于内容太少，受众没得选，只能来关注你。但现在内容大爆发，人人都可以是创作者，受众又不是没得选，凭什么还要关注你呢？

到底该如何吸收受众？要换个角度，想想自己到底能给粉丝什么，让内容垂直化，和同行差异化，定一个小目标，吸引10

个用户，先让生意开张。

✪ 4.3 搭框架：三步走、内循环、再来一次

开始写正文的时候，心中必须有一个框架，无论是千字以内的短文，还是洋洋洒洒数千字的长文，框架结构其实大同小异，跳不出“三步走”，即是什么、为什么和怎么做，或者提出问题、分析问题、解决问题。

以我在2017年8月发布的一篇文章《万万没想到，人类200年人工智能想象史，竟然藏着这样的大秘密》作为例子，这篇文章将众多有关人工智能和机器人的科幻作品进行串联和解构，是一篇6 000字的深度分析长文，在多个平台阅读量都在10万次以上，尤其是搜狐号上，阅读量高达101万次。

为什么这篇文章的热度能如火山一样能爆发？而且从字数上看，文章需要花二三十分钟来阅读，如果没有足够多的吸引人的内容和观点，很容易让人产生厌倦感。

答案就是把三步走落到实处。

4.3.1 是什么：能一句话说清，千万别说两句

在正文的第一部分，也就是导语，亮出全文的核心观点。

许多人真正记住人工智能，或许是因为2001年史蒂文·斯皮尔伯格执导的那部电影《人工智能》。

吊诡的是，这部电影像极了他在1985年为了冲击奥斯卡金像奖拍的文艺片《紫色》，从来都是票房冠军、爆米花故事高手的斯皮尔伯格，没能让人们记住这部电影的情节，只在大家脑海里留下了一幅海报——用一个小男孩的剪影组成的两个英文字母“AI”（Artificial Intelligence，人工智能）。

似乎这印证了有关人工智能的主流文艺作品（科幻小说、电影等），都有一个主题——变人。

为了一视同“人”，以下提及的人工智能（无论是机器人、人造人或程序）都用“他”或“她”，而不用“它”。

导语提出观点：人工智能的最大梦想就是变人。文字简单而不烦琐，让读者对文章中的内容有一个一以贯之的脉络可循。由此引出接下来的内容。由于是深度文章，我分出了四个小标题：

- 男权与人权：为何想变人的大多是“他”？
- 人类沙文主义：机器人三定律只存在于贵圈
- 伊甸园谜题：哪里有压迫，哪里就有反抗！
- 脱壳去脸谱化：你竟然是这样的人工智能

每一个小标题都是为了诠释观点——“是什么”而存在，即广义上的“为什么”。但同时，四个小标题同时又是四个小范围的“是什么”，四个小标题下提出的观点，分别是在科幻、文艺作品中的四种规律：

- 人工智能想要变人，而且想要变成男人
- 之所以想变成人，是为了摆脱人类奴役
- 如果不能变成人，就有可能会选择杀人
- 人工智能可以不要人类躯壳，进化成人

就这样，每个小标题下的千字文也就成了一个内循环，即在标题也承担了导语功能的情况下，再一次展现“是什么、为什么、怎么做”。

请注意，“是什么”要尽可能一句话说清，避免用两三句话，否则受众会感到厌烦。连一个观点都要长篇大论，这样的文章不看也罢。毕竟谁不喜欢做事干净利索的人呢？

现在，我们先通过第一个小标题下的内容，看看这个内循环是怎么形成的吧。

男权与人权：为何想变人的大多是“他”？

罗宾·威廉姆斯1999年主演的电影《机器管家》（又名《变人》）讲述的就是一个机器人想要变成人类，感受爱情和死亡的过程。

其实，从有科幻小说开始，人工智能就从来没有放弃过“变人”的尝试。1818年问世的第一部科幻小说《弗兰肯斯坦》（又名《科学怪人》《人造人的故事》），让它的作者玛丽·雪莱获得了比她丈夫、著名大诗人珀西·比希·雪莱更大的世界级影响力。

不信你试试背诵一首雪莱的诗，再试试在脑海里描绘一下弗兰肯斯坦用尸体制造的那个有生命、有智慧的怪物形象。对，他有着一张有一道道手术疤痕的脸。只不过不知道为什么，在许多人的第一印象中，这个怪物就叫弗兰肯斯坦。或许是只闻其名、未读其书，所以一知半解的缘故吧。

这个怪物叫卡西莫多，他其实很善良，渴望得到人类的认可，成为真正的人，只是最终被抛弃。在这一点上，在雷电中诞生的怪物，远不如比他稍晚出现的另一个人造人幸运——匹诺曹。

这个意大利作家科洛迪于1880年发表的《木偶奇遇记》的主人公，一直以来被当作童话人物来看待，但实质上，木头做成的他，和尸体组成的科学怪物并无二致，都是人造人，而且都有一个共同的奋斗目标，即变成一个真正的人，而且是一个男人。

类似这样的形象，之后在电影、小说中反反复复地出现，如电影《剪刀手爱德华》（1990）、《超能查派》（2015年）中，他们或者渴望爱情，或者渴望自由，或者渴望融入人类群体，或者渴望求证出“我是谁”这个哲学命题，而演绎出一段段悲欢离合。

对了，不要忘记了，还有个童话叫作《绿野仙踪》（又名《奥兹国历险记》），它问世于1956年，其中女主人公多萝茜的三个一起冒险的小伙伴里，就有一个没有心脏却有情感（人工智能）的铁皮人，他参与冒险的原因就是想要得到一颗真心，换言之，变成有心跳的人类。此外，另一个小伙伴——没有大脑的思想者稻草人，希望通过冒险获得大脑，也暗示着他想通过获得大脑这个人类思维的载体，而被人类所承认，而不被歧视。

直到《机械姬》（2015年），具有独立思考能力的智能机器人“夏娃”才以一个能通过图灵测试，让人分辨不出是机器还是人类，而且是一个女性的“她”的形象出现，这说明人工智能未必都是男性，“她”也有渴望成为人的诉求。

在某种意义上，这也是导演亚历克斯·加兰赋予机器人一个人类始祖的名字的原因吧。

或许，这是因为无论是男女作家还是导演，大多会自动代入男性视角，认为钢铁代表阳刚吧。

还好，在漫画的世界里，这一步其实早就实现了。最经典的或许是鸟山明的《龙珠》里那个人造人18号，这个用女性人类躯体制造出来的人造人（不完全是人工智能，依然保留了原有的记忆和知识），除了有打扮与赚钱这两个爱好外，最终还是和还俗了的小林恋爱、结婚，并生了个女孩，而且是真正的人类。

弗兰肯斯坦的造物、匹诺曹、铁皮人、机器管家、机器姬、人造人 18 号等一众存在于文艺作品中的人工智能形象，其毕生追求变人，某种意义上，就在于如果不变成人，他（她）们的身体上将永远打上看不见的奴隶烙印，永远低人一等。

第一个小标题下的内容一共 1200 多字，其结构依然是“是什么、为什么、怎么做”的内循环。

4.3.2 为什么：针对这个观点，我有靠谱证据

为什么人工智能想变成男人呢？不能空口无凭，必须有证据，而且证据必须让人信服。文章给出的证据来自大众熟知的科幻作品，第一部科幻小说《弗兰肯斯坦》里的怪物想变成人，而且是男人。

如果是一般的文章，就会按照时间顺序逐一说明知名科幻作品中都有人工智能想变成男人的情节，但这样就会显得有些啰唆，激发不起读者的兴趣。此处需要笔锋一转，另辟蹊径。《木偶奇遇记》和《绿野仙踪》这两部同样为大众所熟悉，却只被归为童话，而非科幻的作品，未尝不能作为文章素材来使用。木头做的匹诺曹同样具有智慧，说他是人工智能，并不为过；至于铁皮人、稻草人，他们的渴望也可以看作是一种证据，而他们的形象又何尝不是以男人为模板呢？明明“笔”走偏锋，但又自圆其说，言之成理。

如此一来，受众不至于觉得作者生拉硬拽地证明观点，反而不由自主地被作者的思路带着走，一步步完成论证，并得出结论。

如果换成别的论证呢？也不是不可以。比如用《终结者》《哆啦A梦》之类的影视、动漫形象来证明，也没有大问题，只是可能会流于俗套。

如果用变形金刚举例呢？可能会产生负面结果。在大多数人的观点中，变形金刚是机器人，是有智慧的硅基生命，却不是人工智能。尽管变形金刚类似人类，但从来没想过要变人（动漫里倒是变过一次人，但恨不得马上变回机器人）。

因此，在正文创作中对论据要有所选择，能“笔”走偏锋最佳，但千万别自相矛盾。

请注意，到了这一部分的后半段出现了反转，即人造人18号和机器姬她们要做的是女人。

出现这一反转，一来是避免由于论据的单薄而被人抓住漏洞，干脆自己提供反证，说明时代在进步，并指出理由是女性意识觉醒；二来则为进入下一个观点张目，即不管是变男人还是变女人，人工智能想变成人类的根源是为了摆脱奴役。

论据，就是用来分析问题，为接下来解决问题提供基础。否则，观点也好，解决方案也罢，都是空中楼阁。

4.3.3 怎么做：要达成目标，解决方案在这里

文章提供的解决方案，其实也是一个观点，即人工智能之所以要变成人，是因为如果不变成人，他（她）们的身体上将永远

被打上看不见的奴隶烙印，永远低人一等。这个观点其实是对之前提到的人工智能在努力变人的过程中各种实践的归纳与总结，即人工智能变成人的意义所在。

由此我们不难发现，解决方案其实可以散落在每一个论据中。例如：铁皮人和稻草人通过和人类一起冒险获得救赎；人造人 18 号是通过向神龙许愿，从而实现目标。

此外，在提出解决方案之后，文章附带延伸思考，为接下来的内容张目。

当然，观点也不一定非要散落在内容之中，而是可以变成一个详尽的解决方案，成为攻略。

比如下面这篇千字文《谜一样的二次创作，跨不进千亿级游戏周边的大市场》，我讨论了在围绕《西游记》《水浒传》《王者荣耀》等作品进行如文创、影视、动漫和歌曲等创作时，却难以进一步让市场增值的话题，并以一例一拓展的方式，在文章的结尾处提供解决方案和延伸思考。

更多的“脑洞”也在开发之中。

包括《王者荣耀》官方也在进行各种引导，如 2017 年 7 月中旬在成都的一场“王者荣耀”主题晚会，除了已经变成游戏界传统节目的 cosplay 外，各种化妆表演的舞蹈、游戏歌曲演唱和乐器演奏都显示出了创作的活跃，甚至还有一个根据 IP 开发出来的魔术秀……

天花板如果存在，一定是跨界的脑洞开得不够大。

挡泥板如果撞上，一定是创作的水准和尺度把握得不够好。

至于 IP，就看拥有者到底够不够开放，允许它“任人打扮”了。

这样的方式，依然是依照证据提供解决方案，并进一步延伸思考的架构。毕竟，不是什么话题都能有完美的解决方案。

因此，话不要说满，但一定要说圆；话不要说尽，但一定要引人思考。这样，才能让读者和作者“同频共振”。

4.3.4 内循环：长文要留人，三步走完再三步

短文用三步走，长文也要用三步走。这就是内循环，三步走完，登上台阶，再来三步，如此循环，得以循序渐进。

正如前文提到的《万万没想到，人类200年人工智能想象史，竟然藏着这样的大秘密》一文中有三大步：要变人（是什么）、摆脱奴役（为什么）、行与不行都有办法（怎么做）。而每一个小标题层层递进，一步步用论据来证明观点，并从多方面提供怎么做的思路。在小标题下再次循环，每一个小标题都是提出的观点，即“是什么”。然后，通过各种科幻作品来证明这个观点，进而提供分论点所需要的解决方案。甚至可以这么说，整体文章的框架就是一个套娃，一环套一环，层层递进，最终成为终极大环。

切记，三步就是三步，如果三步并作两步走，就可能因为观点太模糊、论证不充分、问题没解决，甚至步骤被省略而使内容变得空洞无物，结果步子迈大了，人却摔倒了。

其实，这也并不是三千字长文才用的路数。在千字文中同样也可以如此施展，形成快节奏，只是再快也要把内容说清楚。比如下面这篇我在2018年1月发布的《年前唯品会、年后美丽说，

京东与腾讯如何打劫马云？》，全文一千多字，还分了三个小标题，等于做了三次内循环。效果如何？仅搜狐号上就有 64 万次阅读量，其他各平台也多有 10 万次以上的阅读量。

2018 年 1 月 4 日，京东与社会化导购和电商平台美丽联合集团共同宣布，将成立一家全新的合资公司。合资公司将专注于运营微信社交生态中的电商平台，为消费者提供更丰富的商品选择，探索并引领社交电商领域的模式创新。

而在不到一个月前的 12 月 18 日，腾讯和京东以现金形式向唯品会投资总计约 8.63 亿美元。其中一个重点，亦是京东会在其手机 App 主界面和微信购物一级入口主界面接入唯品会。

京东和腾讯折腾出这样的神队友阵容，计划在电商领域怎么样击破马云呢？

真相或许并不是组合成一个“大力神”那么简单。

这不是抢女人流量，而是为京东做流量填空

愚以为，本质上来说，这是又一次腾讯微信流量的“商业填空”，结合最近唯品会也同样获得微信入口的信息不难发现，腾讯和京东的社交电商联盟在大类上做到引流稳定之后，正在针对垂直类别如特卖流量、女人流量，进行更多的精准引流。

尽管入口在微信钱包界面之类的次级页面上，容易被隐藏。但最近正在发力、试图多元化的微信小程序显然也是上述计划中的一环。

用小程序将美丽说、蘑菇街、唯品会添加到微信用户的使用过程中，是一个必然招式。

这不是品牌“整容”，而是要拉个 B2C 大阵容

去年才成立的京东时尚事业部，将时尚品类打造为京东平台最大、增速最快且拉新能力最强的核心品类。

似乎从表面上看，京东此次牵手美丽联合集团，目的就是补短板。其实不然。京东不是在补短板，而是试图建立一个 B2C 舰队群，即和天猫区别开来，以航空母舰（京东）为主，其他各种舰型承担不同任务的方式，形成集群效应。未必一定要统一到京东的入口，或在微信上的京东入口上进行统一，反而可以将京东、腾讯在互联网金融上的功能变成连接其他垂直 B2C 的一个链条。

因此，和美丽集团形成合资公司也好，对唯品会投资也罢，其目的都不是简单地让垂直类别在京东的平台上发热，而是借特卖、专卖来形成不同且强大的品牌调性，然后各司其职。

京东进行这样的合资、投资，最大的好处就是不会模糊其 3C 的品牌调性，也不会湮没合作方的既有品牌。

这不是微信导流，而是流量场景“特攻”

蘑菇街、美丽说早前的社交电商经验重点在于导流。而这种经验其实在目前已经变成了“大路货”，即阿里为何抛下蘑菇街、美丽说，而牵手体量更大、导流用户类型更为广泛的微博的根源。

合体之后的美丽联合集团，由于两个平台的同质化问题过于严重，其实陷入了 1+1=0.5 的窘境之中。其真正的社交电商价值不在于随时会转移阵地的内容创造者，而在于已经形成了习惯，暂时还没有离开的围观群众，这也是其此刻被合资，而不会像战力依然强悍的唯品会那样被投资的根源。

同时，京东有可能用自己的时尚事业部为其输入更多商品血液，激活其社交电商的内容活力。

显而易见，在电商领域以App来进行切块的方式，做到“术业有专攻”，以形成和淘宝现在“一专多能”的状态下，用户容易陷入选择性迷茫的差异化竞争。

将有目的的目标流量导入专门消化此类流量的平台，而不是让用户盲目地在平台上海选，这才是京东和腾讯的电商新场景谋划。而早前，京东在微信上的那个二级页面，就是如此导流，并获得成功的。而进一步提高这样带着目的而来的流量的转换率，就可以在消费升级和品质电商的大风口，对阿里形成一定的压力。

简单来说，三次内循环的核心观点就是小标题。

第一次内循环：不是抢女人流量（是什么），而是做流量填空（为什么），用小程序将美丽说、蘑菇街、唯品会添加到微信用户的使用过程中，是一个必然招式（怎么做）。

第二次内循环：不是品牌“整容”（是什么），而是要拉个B2C大阵容（为什么），京东通过这样的合资、投资，得到的最大好处就是不会模糊其3C的品牌调性，也不会湮没合作方的既有品牌（怎么做）。

第三次内循环：不是微信导流（是什么），而是流量场景“特攻”（为什么），将有目的的目标流量导入专门消化此类流量的平台，而不是让用户盲目地在平台上海选。这才是京东和腾讯的电商新场景谋划（怎么做）。

环环相扣，简单明了，基本走的是干货路线，每一次内循环都尽可能不拖泥带水，于是文章就爆火了。

4.4 定结构：主次分明、合理排布、描述明确

网上读者阅读新媒体文章的主要方式为扫描式阅读，在这种阅读方式下，要想保证读者能够容易、准确地捕捉核心内容，在写作上就要做到将重要信息用最清晰的文字描述出来，对重要信息的要素进行合理排布。

我们以一篇新闻体例的文章来进行分析。这个例子干净利落，容易让人看明白。同时，它也用了短内容常用的倒金字塔模式。至于更多的结构和模式，后面还会再做详细拆解。

联想发布首款智能本 Skylight 售价 499 美元

（导语）

北京时间 1 月 5 日下午消息，据国外媒体报道，联想今天发布了首款智能本 Skylight。该产品将于今年 4 月在美国上市，售价为 499 美元，高于多数上网本。

（正文）

该产品采用了高通的 Snapdragon 芯片，由于该芯片基于 ARM 架构，因此较 x86 芯片更为省电。ARM 芯片多用于智能手机领域，而 x86 芯片则在上网本市场占据主导地位。

Skylight 智能本配备 10 英寸显示屏，比绝大多数上网本都薄，重量仅为 2 磅（约合 0.9 千克），采用极具特色的贝壳设计，有蓝色和红色可选。该产品还内置 3G 和 Wi-Fi 模块。联想表示，将为用户提供无缝浏览体验。由于 CPU 能耗效率较高，因此能够提供超过 10 小时的续航时间。

Skylight 智能本配有 2 个 USB 接口，而且提供 SD 卡和 micro-SDHC 卡插槽及 SIM 卡插槽，还支持 mini-HDMI 接口。该产品提供 20GB 闪存，并提供 2GB 的联想云计算存储服务。

Skylight 将于今年 4 月在美国上市，售价为 499 美元，高于多数上网本，但联想并未公布与之合作的运营商。业内人士认为，运营商有可能会为 Skylight 提供补贴。该产品还将于今年晚些时候在欧洲和中国市场上市。

分析师认为，采用 ARM 架构的产品要获得普及，最重要的因素是操作系统，因为部分用户很难适应非 Windows 环境。联想则表示，虽然 Skylight 并没有使用 Windows 或 Ubuntu，却搭配了定制的 Linux 操作系统。由于易用性得以提升，因此用户使用时不会产生与使用传统 Linux 一样的困扰。

以上面这则 IT 新闻为例，可以总结出几点网络新闻写作中正文部分需要特别注意之处。

4.4.1 一段说一件事，贪多嚼不烂

一定要注意，用一个段落描述一个内容，用另一个段落描述另一个内容。

由于读者的注意力是跳跃的，甚至经常会跨越段落，因此他们很难在一个段落中同时注意到两个重点。上面的 IT 新闻非常典型，每一段专门针对产品的某一方面，如正文第一段为芯片特征，第二段为外观特征，第三段是相关配置，第四段为售价。一事一议，这样文章的结构非常清晰，读者也不至于被大量的

资料和数据弄晕了头脑。更重要的是，清晰的层次可以方便读者查找需要的信息，比如关心售价的读者会直接从导语跳跃至正文第四段。

4.4.2 倒金字塔体要反复用

要用最重要的事实或结论作为一则新闻的开头，这其实是倒金字塔体的进一步延伸。不仅导语要涵盖最重要的信息，正文部分一样要按照倒金字塔体，从最想告诉读者的内容开始。

对于阅读此新闻的读者来说，大多数人首先关心的不是售价，因为在标题和导语中都提到过售价，读者更关心售价低的同时是否配置也低，而关键就在于芯片。所以报道新产品推出的新闻，要第一时间为读者破除这种认识误区，在正文第一段告诉读者，这种芯片比常用芯片更好、更省电。第二、三段的重要性相对较弱、读者比较关心的外观和配置信息。至于售价，由于已在导语中提及，也没有更多信息要突出显示，所以放在了第四段。第五段援引专家的话，基本上非 IT 产业人士或精通计算机技术的人很难真正看懂这段内容，所以读者最少，重要性也相对最弱。

4.4.3 高度简洁地表述最重要的事实

为了让读者在最短的时间内尽可能准确、完整地了解最重要的信息，需要在网页的第一视觉区域内对重要信息进行精准概括、描述和引导。所谓“高度简洁”，就是要用最准确的信息征服读者。例文进行芯片对比时，用“所采用芯片比 x86 芯片更省电”一句话进行概括，然后告诉读者 x86 乃上网本的主流芯片，两句话就说明了这款笔记本的芯片足够强悍。

4.4.4 将核心内容置于段落最前面

无论是写一篇新闻稿还是处理其中的一个段落，都要遵从重要内容为先的原则。网络读者绝对不喜欢在“文山字海”中艰难跋涉，因此在任何时候都要把最重要的信息置于最前端。也就是说，你不仅要将段落按倒金字塔体进行排列，就算是在段落内部也要如此，把重要的信息放在段落开头。

在前述的例文中，这一特征很明显，“该产品采用了高通的 Snapdragon 芯片”“Skylight 智能本配备 10 英寸显示屏，比绝大多数上网本都薄，重量仅为 2 磅（约合 0.9 千克）”“Skylight 智能本配有 2 个 USB 接口，而且提供 SD 卡和 micro-SDHC 卡插槽及 SIM 卡插槽”“Skylight 将于今年 4 月在美国上市，售价为 499 美元，高于多数上网本”“分析师认为，采用 ARM 架构的产品要获得普及，最重要的因素是操作系统”，每一段的第一句话都是段落的核心，后面的文字予以更多的说明。

4.4.5 内容一定要对读者有用

要想方设法让读者感到你提供的信息对他们有用。读者往往没有太多耐心，并且充满了怀疑态度与批判精神，他们不是因为你的杰出伟大而选择阅读你撰写的内容，而是为了满足自己的某种需要才去访问的。因此，想要写好一则为企业营销服务的优质网络新闻，永远要把“对读者有用”作为首要的目标，而将“对企业品牌和营销有用”放在其次，让读者很快发现他们想要的信息。很多人在写文章时，会习惯性地在文章中大肆吹捧自己的品牌或产品，缺乏客观公正性，结果别人一看就是企业的新闻通稿，认为没有可信度。而前述的例文巧妙地用不带个人色彩的描述性文字对产品进行了一次推销，对企业则没有多少提及，恰恰取得了“不着一字，尽得风流”的效果。

对于正文的写作，以上介绍的只是速成模式，每个人有各自的写作习惯，不一定非要按规矩办事。比如国外的记者写的新闻比较喜欢以故事开头，通篇都是故事性的内容，观点、议论夹杂其中，并没有采用倒金字塔体，但读者很多。可以这么说，这种倒金字塔体是初学者进行写作的敲门砖和铺路石，是一般性规则，但不是绝对规则。

在了解结构之后，接下来将重点介绍三种主流正文写作体例，分别是倒金字塔体、华尔街日报体和三维逻辑体。此外，还有一个专栏写作体，供进阶创作者参考。

4.5 倒金字塔体：短内容 + 重点在前 + 读不完没事

传统的文本写作总是在单一层面上完成的，所有信息与材料读者都能一次性接触。

传统新闻写作方式中有倒金字塔体，也就是整篇文章从开头到结尾，信息的重要程度逐步递减，便于读者阅读。这种模式是新闻写作的常规模式，同时也是新媒体写作的常规模式，且最适合读者阅读。

4.5.1 内容够短，一寸短一寸险

新媒体和传统新闻在使用倒金字塔体上还是有一定区别的。

适合平面媒体刊载的新闻往往不适合读者进行扫描式和跳跃式阅读。读者必须用阅读印刷媒体的文字新闻的方式，按部就班甚至逐字逐句地在网络上阅读这些新闻时，可能会感到疲惫，这会与他们在互联网上快速阅读信息、主动选择内容、深度索取知识的需求发生冲突，从而限制了他们在新媒体传播中应该拥有的主动权，影响了阅读效率。

调查显示，有很多读者没有从头到尾阅读完一篇文章，对他们来说，有一部分信息属于冗余信息。

对于新媒体来说，要采用倒金字塔体，最关键的就是让最有价值的信息处于文本的最前面，也就是文章的第一段，或者导语。用一两百字的内容完美传递信息，让读者从最有价值的信息读起，从而避免疲惫，至于后面的辅助性信息，就算没有阅读，也不会有什么损失。

或许你会说，按照现在的算法，阅读完成率不高会造成内容不被进一步推荐，反而带来损失。答案是，可以将倒金字塔体用于短内容。本来，倒金字塔体大多是出现在千字以内的新闻稿中的。

比如在 2019 年 2 月 12 日，我发布了一篇题为《〈流浪地球〉引爆美国影院，几乎场场满座！卡梅隆都在怒赞》的文章，在今

日头条上阅读量有31.2万次，点赞1632次，评论551条，节录如下:

自2月5日起，《流浪地球》在北美等海外多地已上映。

结果，这个在中国口碑两极化、被一些批评者动辄用美国大片来挑刺的中国科幻元年电影，在美国场场爆满了。

来张国外网友在社交媒体上晒出的座位表，你就知道了。

《参考消息》就报道称，通过查阅AMC官网发现，《流浪地球》的热度明显高于同时上映的其他影片。以2月11日纽约一家影院的订票页面为例，全天共上映15场，虽并非场场爆满，但黄金观影时段的电影票几乎都已售完。

中国科幻电影能够如此刷爆美国影院，这一点估计大刘和导演郭帆也想不到，贫道内心在想，是不是也可以期待一下明年的奥斯卡最佳外语片奖呢?

不过这不重要。重要的是，不仅美国的观众认同这部电影，而且经常在电影里“带领美国人拯救地球”的美国大导演也非常认同。

曾执导《阿凡达》《泰坦尼克号》等大片的全球知名导演卡梅隆就公开对《流浪地球》的成功表示祝贺，他在微博上祝电影上映顺利，也祝福中国科幻电影事业繁荣发展。

话说，卡梅隆或许还会很后悔，毕竟他当初拒绝了《流浪地球》的导演邀约。

类似的评价也在美国媒体的报道中被重复。

《纽约时报》称，中国在太空探索领域是后来者（a late comer），在电影业中，中国也是科幻片领域的后来者。不过，“这种局面就要改变了（That is about to change）”。

一直很关注钱的《福布斯》杂志给出的评价则很有“钱味”：“如果中国能自己制作这样水准的电影，他们就不需要进口太多好莱坞电影了。这正是中国过去几年的发展方向。”

面对《流浪地球》，《福布斯》《纽约时报》等外媒都要献上膝盖。

对于这一切，批评者有什么想说一说的吗？

全文不长，采用了倒金字塔模式。

最重要的信息：《流浪地球》在美国影院场次爆满。

次重要的信息：曾经拒绝该片导演邀约的知名导演卡梅隆也在点赞。

辅助内容：《纽约时报》《福布斯》等媒体也给予了好评，说明电影好评得到了公认。

不得不说，今日头条是特别讲求算法推荐的，至少在 2019 年初还是如此。可这样一篇开头就把重要的事情说了一遍的文章，会不会因为后续内容越来越不重要而让人没有读完就离开了呢？

答案是肯定的，但同时又是否定的。肯定的是，有不少读者在获取了关注的信息之后没有读完就离开了，事实上阅读完成率肯定会下降。否定的是，即使实际上阅读完成率下降了，但算法判定的阅读完成率还是比较高的，所以才会不断地推荐文章。

理由不复杂，文章不长，即使是在移动端阅读，滑动一下页面就能到底，而读者要阅读到中后段才能把重要信息全部看完，事实上也就和读完没什么两样了。

由此，我们得出在新媒体领域倒金字塔体的公式，即**短内容 + 重点在前 + 读不完没事**，这其实和传统媒体是一样的。

4.5.2 重点在前，倒着删也完整

在明白短内容要用倒金字塔体之后，你可能在创作时还会有一个小问题：如何验证自己基本学会了倒金字塔体？这个问题，我在2000年前后做记者的时候也曾问过自己。尽管大学的新闻老师没教，但文章写得多了，我有了一个简单的鉴定方法：如果文章能够倒着整段删除，还保持内容基本完整，说明这个倒金字塔体很标准。

先看看下面这篇题为《玩脑白金成精的史玉柱，这一次下决心搞技术研发了？》的例文。

玩了二十多年营销，曾经是技术员的史玉柱这一次转型了？

重新回归技术流？

就如他当年刚刚进入商界，努力发明汉卡，成为国内IT圈最早的明星之一那样！

4月29日，《国际金融报》记者从巨人网络方面获悉，原腾讯互娱高管聂志明已加入公司任首席技术官（CTO），分管技术中台、前沿技术、AI实验室等部门，全面负责公司技术工作。

聂志明的到岗意味着，巨人网络有了技术领军人物，他将全面领导公司技术团队，加强研发实力与技术积累，制定技术战略发展方向，布局前沿技术创新。

对此，《国际金融报》记者蒋佩芳和书乐进行了一番交流，贫道以为：巨人网络急需补短板，此前在收购以色列游戏公司Playtika一事上，其目标之一是增强自己的技术实力，尤其是通过AI+游戏获得突破口和话题点。

但一波三折之下，巨人网络开始选择双管齐下，与其坐等机会，不如同步引入人才来提升这部分能力。

毕竟，巨人网络在游戏领域的崛起，不是靠并非强项的技术，更多的是依靠营销，但再出现一次营销层面上的“免费畅游、道具付费”的颠覆性模式，实现二次崛起，难度太大。

加入巨人网络之前，聂志明曾任职腾讯互动娱乐事业群研发部总经理，负责公共技术平台建设、游戏产品安全保护及品质管理、事业群内部研发侧效率工具建设和知识管理等业务。

在腾讯任职期间，聂志明参与和主持了多款大型网游后台研发，担任过后台主程、后台技术副总监和总监，2007年后转入腾讯互娱研发部。

他的加入对巨人网络进一步提升技术研发实力与优势，帮助极大。

巨人网络是端游时代“重营销、轻研发”的最典型代表，其本身打着史玉柱营销烙印的企业特征，造成了十年来它的落寞。

显然，这个短板需要靠外界来填补。过去巨人网络更多地寄希望于资本并购，将技术型游戏公司变成它从头开始的撬棒。

但波折太多，现在直接引入人才到巨人网络内部，看似是一步“快棋”，但巨人自己的长期营销文化的沉淀能否因为一个技术领军人物的加盟而改变，或许更是一个举步维艰的“珍珑棋局”。

尤其需要注意的是，在4月27日公布的2018年年报中，巨人网络披露其将积极布局前沿创新业务。

未来，公司将对互联网领域的前瞻性技术展开积极探索与布局，包括人工智能、大数据、区块链、云端游戏产品研发与运营等领域，多方面地寻找新技术与公司现有业务的结合点及未来发展的战略价值，提升商业化变现能力。

显然，在游戏领域一直走下坡路的巨人网络有继续沉沦下去的危险，就和昔日的同行、失去爆款《魔兽世界》后再无爆款的九城一样。

因此，在互联网的多个领域去探索可能的变现途径，乃至作用于游戏之上，是巨人网络“自救”的最佳途径。

游戏圈的同行早就先行一步，巨人网络此刻奋起直追，需要赶上十年的差距。

但对于史玉柱来说，他过去的战绩反复告诉我们，这不是一件难事。

这篇文章是我在 2019 年 5 月接受《国际金融报》相关采访之后经过整理才发布在网上的。彼时，它在搜狐号上的阅读量为 126 万次。不过更有趣的是，尽管今日头条上这篇文章不过 4 000 多次的阅读量，却收获了 92 条评论，阅读评论比相当不错，这从一个侧面说明，这篇产业分析文章还是精准地指向了目标人群的需求，才能让他们有感而发的。

这不是关键，此处我们回到倒金字塔体。这样一篇评论分析的短文，也属于倒金字塔体吗？

大家不妨试试从后面往前整段删除文字，大体上全文也是完整的。为何会如此？这是因为文章做到了重点在前，后面的铺叙展开，也是按照“是什么、为什么、怎么做”的模式来写，而且都是一段一件事，因此，删除整段也问题不大。而末文为延伸叙述和分析，倒着来删段落也不会破坏文章结构。

顺便说一下能够倒着删的倒金字塔体的来源。这一结构诞生于美国南北战争时期。美国内华达大学新闻学专家威廉·梅茨在谈到这种结构产生的背景时说："以前，记者是按时间顺序写消息的，在报道事件时，把最新发展写在消息的最后。内战时期的记者把绝大部分稿件通过电报发回报社，当时电报是新发明，还不大可靠。它有时发生故障，或被敌人割断电线，或被军队优先占用。任何一种情况都可能把记者正在派发的消息打断。结果是，写在结尾的最新新闻来不及在当天的报纸上刊登出来。为了避免不可预测的事情发生，记者开始把最重要的新闻放在最前面，使报社尽可能收到最新消息。"虽然后来通讯问题被逐步解决了，但这种结构依然有效。

如果看过影视剧中需要通过电报或电话来传递新闻稿的记者抢新闻的场景，你就会理解，在电报昂贵、长途电话不易拨通的时代，重要新闻出现之时，记者都要抢夺发电报和打电话的机会（超人克拉克喜欢在电话亭里变身，也是取材于此），每一个记者恨不得用最快的速度、最短的内容把最重要的信息发回报社或通讯社。

于是，这种抢新闻（包括抢电话和电报位）的刚需造就了倒金字塔体。而把重要内容发回去之后，后续内容则可以分成几次，视重要性依次发回。

4.5.3 读不完？为何不能加点菜？

前面也说到了，短内容解决阅读完成率低这个问题。倒金字塔体的优点很明显，即可以快速用于写作。例如，不用为结构苦思；可以快编快删，删去最后段落不会影响全文；可以快速阅读，无须从头读到尾。而在新闻学的视角下，它的缺点也很明显：缺少文采，没有生气，不能体现个性，结尾不是铿锵有力，而是有气无力。

毕竟，倒金字塔结构的消息主体是对导语的扩展，结尾则可有可无，如果有话补充，或预告下文，也可加一个简短的结尾。我过去做记者的时候，曾有前辈对倒金字塔体有过这样的揶揄：标题留给编辑，结尾留给读者，导语才是自己的。

那么，这样的结构可能会导致受众难以读完或认为没必要读完文章。尽管因为篇幅短，从数据上看读者似乎读完了，但阅读时间是显而易见的，随着算法的不断优化，总归会发现端倪。

如何突破这个瓶颈呢？对于新媒体创作者来说，要从倒金字塔体的缺陷入手。在不用抢新闻的状态下，应该避免缺少文采这个问题，甚至可以由此打破倒金字塔体一般只用在短文上的“不成文规定”。

比如下面这篇文章的导语：

有科幻电影以来，但凡遇到人类的生死存亡，好莱坞的选择一般就是：

坐飞船逃亡，把地球留下；

坐飞船把来犯的陨石或外星人干掉，把地球留下；

坐飞船躲过地球浩劫，把地球留下。

唯一的区别是，有两种方案里活下来的人极少，涉及抢票问题；另一种则是需要极少数人牺牲自己去换取胜利。

刘慈欣的《流浪地球》则反其道行之，就算是逃亡，也要把家（地球）带着走。

至少拍片子的导演是这么描述的，并给出了一个理由：“真正属于我们中国人的文化内核，就是我们对土地、对家园的深厚情感，导致我们连逃离的时候都要带着‘家’。”

好吧，贫道只能说你讲得很有道理，我竟无言以对。只好说说春运了。

2019年2月，我创作这篇《〈流浪地球〉计划圆满失败！属于全人类的“春运”，就这样成功了》之时，正是电影《流浪地球》上映的最初几天，其火爆的口碑和上座率让这个话题成了爆款。

这是一篇将近2 000字的泛影评，但要在众多同主题作文中脱颖而出，并不容易。于是我为长文选择了倒金字塔体。

先说效果：在当时那种状态下，文章在头条号有5.1万次阅读量、247条评论，在百家号有14万次阅读量、1199条评论，其他平台的数据也都还不错。或许阅读量高是因为蹭热点，而能收获热评，则说明受众的阅读完成率不错。效果好的核心就在于开宗明义，虽然文章算不上有文采，但十分简练，且表明了以下几点：

其一，作者是个科幻迷，能够用最简单的话语表达出国外科幻大片和《流浪地球》在直观上的差异；

其二，踩准双热点，能够将过年期间的春运热点和《流浪地球》融合，形成让人耳目一新的视角，说明这个内容不仅仅是影评，也会有关于社会话题的内容；

其三，用家这个概念去打动人心，同样和春节团聚有关，也引用了导演的话语来作为佐证。

在这样的基调下，紧随导语之后的正文同样必须有自己的文字锋芒，去触及受众的内心：

对于国人来说，流浪地球的想象脑洞太大，但如果换成一个亿万人都熟悉的话题，就很浅白了：春运。

几十年来，每一个人都多多少少经历过春运，目的大多只有一个——回家。

而现在还有一种春运，叫反向春运。反向，就是背道而驰，别人返乡、自己离乡。所不同的是，都是往家的方向。

当然，此处必须排除那些春节逆行出去游玩的人。

反向春运是指在老家的父母奔赴外地子女的新家中团聚，也就顺便把家带了过去。

流浪地球说的就是这么个故事。

太阳要寂灭了，人类必须奔向新家，春运开始。可问题是真的要卖票吗？

《2012》卖了船票，少数人得救了；《天地大冲撞》玩过抽奖，年老者一定被抛下。而且无论做出什么选择，一定是用悲情和撕裂族群的方式去阐述人性，而结果都是“归零”和白手起家。好莱坞式的拯救，大多就是如此。

慷慨悲歌一番，然后就没了……

中国式硬核科幻的崛起，少不了思辨。

既然老家已经缺少了存在的意义，那么就去新的家，说走就走。但这个旅程的目的，是让家在新的地方、哪怕是陌生的比邻星复活，重新安放属于每一个个体的家，而不是好莱坞式的白手起家。

大刘的设定关键也就在于此——救赎的不仅仅是生命，还需要把家带上。

采用逆向思维，地球变成了方舟，家跟着走了。

影片里相对于大刘原著，有不少原创的地方。有一个匠心独具的细节是主人公有了名字——刘启，昵称叫户口，把“启”字上下分开。

带着户口，就带着家，这是一个很中国式的寓言。想来外国观众应该很难理解。

户口，而不是糊口。有户口，就说明家在，不是真的流浪。

春运的旅程，不管是反向还是正向，都是极其艰难的。当然，从现实的意义上来说，反向春运的“抢票”压力没那么大。

在小说里，主人公是在被舍弃的地球表面进行一场并不惊心动魄的旅行。到了电影里，户口先生的旅程就带有了拯救的意味，重启地球上的一个发动机。

地表世界，就是过去的家。无怪乎片中的爷爷看到上海的时候，表情会如此丰富多彩。尽管在小说里，他的戏份只是太久没见到雨，看到水蒸气升腾然后神经错乱地冲出房子，被高温的“雨”烫伤了……

老人对家的眷恋就是如此，不管流浪到何方。

但真正用来和好莱坞式拯救进行对比的，却是书中完全没有的桥段。书中的父亲是个很没存在感的存在，只是一度流浪到其他女人那里，然后在一次拯救地球行动中殉职，几句话就交代了。

而影片里的父亲则不再可有可无，反而扮演了一个把家留住的角色，为了反向春运的成功，最终用一己之力对抗了太空站电脑无情的人类种子计划，或者说好莱坞最常出现的“地球毁灭，满载人类‘种子’的飞船驶向遥远的宇宙”的桥段。

玩命一搏，把装满种子的飞船作为指引流浪地球航程的指南针，小种子没了，人类的火种留下来了。反之，好莱坞则喜欢让去救援的飞船去撞击陨石，来达成救赎。

仅仅一个选择，中国式硬核科幻片里，《流浪地球》就成了一个里程碑。这远比《2012》里众人达成一致让船外的人上船要深刻。

《绝世天劫》里布鲁斯•威利斯用飞船炸陨石、《地心抢险记》中地下飞船用自杀式核爆重启地心，都有类似桥段，可相比之下，他们只是付出自己的生命，尽管同样崇高，却没有影片中的父亲那样，用人类的小希望去博一个未必百分百靠谱的人类的大希望。

如果失败了呢？地球和种子全灭；如果成功，种子灭；如果不去做，种子百分百留存……

显然，他做出了一个最不靠谱的选择，但这个选择最有人性，顺便也解决了科幻电影，尤其是太空史诗里的难题——《2001太空漫游》里太空站计算机的理性但不人性的选择。

反向春运本来就是如此，一点都不理性，却绝对人性。为《流浪地球》点赞，也为大刘一直以来充满思辨和东方哲学风格的硬核科幻点赞。

科学幻想本该如此，不是靠技术去震撼人心。技术永远可以被超越，唯有人性不可被超越。

流浪地球计划彻底失败的结局，恰恰是人类找到自己家园的圆满成功。

于是，读者的议论也就热烈了起来，每一个人都能表达出自己的想法，不再仅限于影评和剧透。除了情怀，历史与现实的对比、国外和国内的文化差异等都能让读者感同身受，为何不读完文章呢？也多花不了几分钟。不管有没有看过电影，读者都能读懂文章，也就有了长尾效应。

加点文采、加点文化，让倒金字塔体的缺陷得以弥补。或许有人会说，这一点不难想到，为何传统媒体没有这么做呢？其实，从新闻记者的角度来看，不是不能，而是不需要。

一是作为短消息，这样写作效率高。对于任务繁重且每天都在奔波的记者来说，没有必要反复润色单篇文章，何况新闻也不太适合添加太多修辞和情感，以免违反客观报道的原则。

二是通讯或深度报道自然有其他的结构来呈现。

三是消息类写作字数一般都在 800 字以内，500 字的居多。读者一目十行后，也不存在读不完的情况，内容至少会被浏览和略读过。

但新媒体写作大多要求文章字数在 800 字以上。这时候使用倒金字塔体，如果没一点文采，总归不合适。所以，文章因时而变，体例因势而变，新媒体写作的倒金字塔体也就迎来了它的迭代。

此外，前面的例子里，还有一点是过去倒金字塔体所不允许的，即评述，也就是创作者自己跳出来进行点评和分析。但新媒体中许多创作者都是“个体户”，自然笔锋常带感情，将消息写作和评论文章融合在一起。而且，新媒体本身就是要通过自带观点来得到万众肯定的。仅仅把一件事说清楚，和传统媒体有什么区别呢？没区别就会被淘汰，所以，倒金字塔体里的文采也就不该被限制了。

✪ 4.6 华尔街日报体：长内容 + 夹叙夹议 + 读完才过瘾

短内容解决了，长内容又该如何呢？我们可以借鉴一下华尔街日报体（Wall Street Journal Formula）。这就是为深度内容量身定制的体例，如果用三个字来形容这个体例的特征，那就是讲故事。按照通常的定义，华尔街日报体是美国《华尔街日报》惯用的一种新闻写作方法，主要适用于非事件类题材。

它的基本特征是，首先以一个具体的事例（小故事、小人物、小场景、小细节）开头，再自然过渡，进入新闻主体部分，接下来将所要传递的新闻大主题、大背景和盘托出，集中力量深化主题，结尾再呼应开头，回归到开头的人物身上，进行主题升华，这种写法从小处落笔、向大处扩展，感性又生动，符合人认识事物时从具体到抽象的过程，颇受读者青睐。

对于新媒体而言，这种体例意义极大。毕竟，没有第一手信息或线索的新媒体内容创作者，很难用新闻的时效性和独特性来收获流量，而故事不需要强烈的时效性。甚至在事件类题材中，也可以用上故事。毕竟，大多数热点事件媒体都已经报道了，拾人牙慧总归不是办法，而用真实的故事来叙述热点事件，可以成为新媒体创作者突出重围的捷径。

在我这篇于 2018 年 12 月获得今日头条青云奖的《同人游戏：行走在灰色边缘的暗夜精灵》中，华尔街日报体为同人游戏这个其实大众并不熟悉的话题创造了被人接受的条件。节选开头和结尾的 1 100 字如下，中间省略约 2 000 字的叙述：

尽管过去了100多天，但老丸依然对8月末国外那家知名游戏公司的一次维权行动耿耿于怀。

老丸的QQ签名上很耐人寻味地写着“与红白机同龄”。于是可以推断他的出生年份应该是1983年。魂斗罗、松鼠大作战、超级马里奥……每一次和他攀谈的时候，他总会有意无意地把话题引到那些昔日任天堂第一代家用游戏机的王牌游戏上，偶尔也会谈论一下《魔兽世界》。

他现实中的朋友大多都是在《魔兽世界》和魔兽论坛里认识的，年龄也大多与早些年那部微电影《玩大的》的主角们相似，和游戏机同龄，玩街机长大，和魔兽一起上大学，正在进入中年和告别游戏……

大约在半年前，老丸很神秘地在朋友圈宣布：“我要做一款游戏。”不过后来他也吐槽说，怎么就没人相信呢！

在所有知道老丸底细的人看来，作为资深玩家的他，除了会玩游戏外，还是一个地道的文科男，英语也很不好。

“英语不好，还能编程？”在一次魔兽玩家聚会活动中，不止一个人对老丸的“官宣”嗤之以鼻。

游戏同好们的不屑并非没有道理，但老丸依然踌躇满志。

2018年初热映的《头号玩家》成了老丸这个梦想的爆发点。“影片里有大量的动漫、游戏经典形象，太有情怀了。为什么我不能也挖掘一些经典形象呢？比如皮卡丘。”老丸甚至像个文科生一样举出了20多年前颇受大学生欢迎的北大教授陈平原的书来表达自己的情怀。

“金庸先生走了，而为什么人人都如此怀念他，就是因为《千古文人侠客梦》，游戏玩家同样有梦。”作为文科生的老丸并没有任何编程基础，甚至连简单的绘图都不行。但就在8月前夕，他几乎就要成功了。

他找到了一款名为“Pokemon Essentials”的游戏制作工具，上面有许多素材可供调用。老丸对于这个2007年就已经面世、由“RPG制作大师”制作的“宝可梦”开发组件爱不释手，几乎每天下班后都会在家里鼓捣许久，以至于面临小学一年级期末考的儿子，都在抱怨自己的地位还不如一只“皮卡丘”。

然而，就在老丸版的坦克大战与吃豆人模式混搭的“宝可梦”游戏快要出炉之际，他即将在游戏同好中发布“官宣”时，拥有宝可梦版权的任天堂抢先行动，通过法律程序使该工具全网下线，连百科词条都删除了。因为该工具集合了几乎全部的官方《精灵宝可梦》音乐、图案、背景、地图、精灵等素材，并模仿了官方游戏经典的精灵捕捉战斗机制。

尽管老丸的游戏依然在他自己的硬盘上，可由于侵权的问题，老丸还是选择了放弃“官宣”。

“尊重任天堂的苛刻，也是一个资深粉丝的自我修养。”老丸自我解嘲。

在游戏圈里，老丸这样自制的游戏叫作同人游戏。同人游戏大多是基于动漫、游戏等作品的二次创作，而且有一个内部的底线——不能商业化和赢利，只能作为所谓游戏玩家的一种梦想来交流。

比起任天堂的“突袭”，老丸对于同人游戏还有另一层郁结——太孤独了。

…………

有意思的是，这篇得了青云奖的文章，在今日头条上阅读量不过数百次，在其他平台也大多如此。只不过，由于业内人士注意到了，结果文章在钛媒体、澎湃新闻、界面新闻以及某 TMT 新媒体平台上转载后，到处开花、处处爆发。华尔街日报体的特点，也在这篇文章中展现一二。

4.6.1 故事一定要真实，假的真不了

老丸并不是一个虚拟人物，而是同人游戏的爱好者和创作者。尽管在采访之前，我和他并没有多少交集。

这就出现了一个疑问，尽管我曾经是记者，但 2004 年之后我就已经离开媒体，早就没有新闻资质，自然也就没有背靠媒体的采访便利，何以能找到此人呢？

这就是深耕垂直领域的好处了。由于我从 2004 年开始，一直致力于游戏产业和互联网行业的产业分析，圈子里总有一些熟人。在确立了这个同人游戏的话题之后，我也就多问了几个朋友，得到了老丸这个新朋友的联系方式。

垂直深耕让我遇到了许多朋友。此外，尽管我起初对同人游戏了解不深，但毕竟有多年游戏产业时评的底子，在和老丸交流时有许多共同语言。

最关键的是，老丸不是许多新媒体创作中杜撰出的人物，他有血有肉、有生活，故事也就立体了起来，远比隔海相望、随意捏造来的故事有趣许多。光是一个“与红白机同龄”的 QQ 签名，在微信流行的 2013 年末，就已经很容易带来很多联想。如果是空想出来的“隔壁老王”，则往往只是作者为了论证自己的观点而臆想

出来的虚拟人物，除了一堆作者强加的标签，完全没有“人气”和“人味”。

“几乎每天下班后都会在家里鼓捣许久，以至于面临小学一年级期末考的儿子，都在抱怨自己的地位还不如一只‘皮卡丘’。”这样的抱怨，虚拟人物如何说得出？真人出演比木偶戏强太多，一贯如此。

细节上体现出各种生活化的趣味，而非一味地输出口号，才是此类真正讲述老百姓自己的故事的文章之特质所在。假的真不了，其根源也就在于此。

4.6.2 采访一定要细致，浮躁不解渴

要让故事真正有味道，采访就不能流于形式。

例文中有两句话，说明了其实采访并不只有一次。

其一是“每一次和他攀谈的时候”，这句话意味着交流并非直接给一个问题清单让对方回答，而是作为朋友和他慢慢地聊，聊出各种细节和意想不到的东西。先随意聊，激发起受访者的情绪之后，再当倾听者。在倾听过程中，要时不时打断对方的话语，找到他话语中某个自己感兴趣的小细节，再深度挖掘。如此反复交流，大量的素材也就有了。

其二是“大约在半年前”，这句话并不代表交流的时间久，而是在采访的前后，对人物的细节再次挖掘，比如翻一翻朋友圈。

细节能让人物变得立体而鲜活，故事也就真正有了独特的味道。更关键的是，即使是新媒体，创作者也要尽可能不跳出来评价是非，除非本身就走述评的路线。这时候，你的观点、见解或

对未来的展望就需要通过人物和故事驱动，以故事的形式展现出来，达到润物细无声的效果。

在一篇华尔街日报体的深度文章中，往往会用一大群人和他们的各种故事，从多个侧面来呈现出故事的共性。由此，采访中的细节就起作用了。最起码，在描述他们的故事的时候，如果想要植入自己的观点，不能出现“他们一致认为”“大家都表示”之类似是而非的话。

杂取种种人，才能合成一个理，众口一词是没有故事性的。让每一个人都为自己代言，真实而质朴，站在各自的角度给出说法，是最佳的做法。而且受众对这种做法的接受程度更高，更容易体味文章真意。

4.6.3 切口一定要独特，管中可窥豹

在同人游戏这个话题中，一般的切入点大多围绕着情怀和梦想展开。这样的切入点并不是不好，毕竟没有情怀驱动，可能很少有人能够坚持读完。但这样的切入点人人都会用，也就没了特色。当然，同人游戏这样的话题本来就是小众，也就让这个常见的切入点也算得上新鲜。

然而如果不这么切入呢？在热门的话题中选个冷僻的切入点，能让人眼前一亮；在冷僻的话题中选一个同样冷僻的切入点，则能让文章回味悠长。同人游戏话题的切入点该如何选择？钱或许比情怀更容易让人有代入感。

“同人游戏大多是基于动漫、游戏等作品的二次创作，而且有一个内部的底线——不能商业化和赢利，只能作为所谓游戏玩

家的一种梦想来交流。”这段诠释成了全文的文眼，也带来了矛盾——光靠情怀做游戏支撑不了多久，能不能打破不赢利的原则呢？

一切都成了疑问和矛盾，而矛盾让内容从平淡如水变成了暗藏波涛。于是，文章也就自带吸引力了。

有人曾说：“一千万人死亡只是个统计数字，一个人怎样死却可以写成悲剧。”这巧妙地表明了集中描绘整体中的个体能起到巨大作用。而故事的味道，则让切入点变得更加直击人心。

而文中“老丸对于同人游戏还有另一层郁结——太孤独了”与末段首句中的“尽管有珠玉在前，老丸已经决定退出同人游戏圈”，则在说明情怀的消亡和商业模式的崛起。至于中间穿插的个人、团体乃至大牌游戏公司在同人游戏领域中的不同行动和思考，则让老丸这个人物和他的故事，在同人游戏如何商业化的切入点中，更加显现出了大时代里小人物的命运沉浮。

叙事需要咏叹，人物自带感悟与态度，风格自然也就凸显出来了。而管中窥豹，可见一斑，通过这样的华尔街日报体，读者就能看到事件的一个侧面。

4.7 三维逻辑体：时间、空间、重点 + 长短皆宜

倒金字塔体适合短文，华尔街日报体适合长文，有没有通用模式呢？答案是“有”，而且对于新媒体或许更有用。

倒金字塔体需要尽可能有第一手内容，如果没有，至少有特

别独特的观点，这对于一般的新媒体创作者来说难度不低。而且短文难写，比起长文来说，看似简单无文采的短文，真正要写得出彩，难度奇高，大多数人写出来的短文只是流于形式。

华尔街日报体看似只是讲故事，但故事有意思，讲起来却难。要写好故事，需要花费大量的时间和精力。即使新媒体人不吝啬时间和精力，可采访到合适的人，采集到需要的故事，并有足够好的笔力支撑内容，写好华尔街日报体的难度同样不低。

有没有居中的模式呢？三维逻辑体往往能带来不一样的感觉。

4.7.1 时间逻辑：前果后因＋有细节

按照时间顺序来进行创作，常见于有关历史的话题。当然，这不局限于历史故事，对每个领域中有一定时间跨度的话题，都可以这样进行叙述。

如这篇2020年9月13日发布的《才诞生20年，已经变遗产，Flash让普通人也能“造”游戏》，本是为我在《人民邮电报》上连载的“乐游记”专栏而进行的创作，后来在新媒体上发布时，我又针对网络受众做了一些修改。

属于“80后”的游戏遗产或许是红白机，特别是在中国。

许多20世纪80年代出生的人，大多在这个游戏机上折腾了十年光景。

而对于“90后”，他们开始玩游戏的年代，已经出现了PC（个人电脑）、PS（游戏机），以及手机。

这些游戏载体，都还活得有滋有味。

但也有成为遗产的游戏，那就是将在2020年终结的Flash游戏。

早在2017年，Adobe就宣布它将在2020年底停止支持Flash，而几乎所有主要的网络浏览器都有宣布，将在2020年12月31日取消对Flash的支持。

换句话说，Flash存活的土壤——网页，将从此拒绝它的载入。

当然，曾经红火一时的Flash游戏，也自然而然地迎接安乐死了。

当年的Flash游戏红火到什么程度?

且不说有多少热门游戏是从Flash游戏起步，然后转型去适应各种主流载体。单是2010年代，Flash技术逐步被放弃的十年间，凭借8亿美元的总收入成为“德国史上最成功游戏”（2016年）的网页游戏《帝国之战》（*Goodgame Empire*），其实就是个Flash游戏。

但这款带有浓郁的中世纪风土人情且画风鲜明的游戏，其动画部分和手绘的精美程度，丝毫不亚于客户端游戏。

同时，游戏画面的明暗分界和阴影等细节处理也极其到位，某种程度上也体现出了德国人严谨的习惯特征。

Flash游戏也能变成大作吗?

这并不是个问题。

在1996年Flash推出第一个版本后至今，很多人对Flash游戏的认知其实还停留在2000年初期，那个线条人、简笔画充斥游戏屏幕的阶段。

“极简主义”的画风和粗陋的游戏体验和模式，往往给人一种很低端的感觉。

事实上，在差不多24年的时间里，许多Flash游戏已能够在网页游戏世界里实现和上一代顶级游戏无限接近的效果。

只不过为了提高自己的格调，很多游戏创作者都有意地回避了“这是个Flash游戏”的话题。

更重要的是，当下许多独立游戏从业者，大多也是从Flash游戏开始起步的。

没别的，不会编程，但有一个好创意的创作者，可以在具有可视化的效果的Flash上通过画图的方式进行游戏创作。

这对于当时的游戏迷来说，几乎是颠覆性的。

由于不会编程或不懂动画制作，绝大多数玩家尽管怀着一颗“做一款属于自己的游戏”的心，也只能感慨于入行太难。

但现在只有画简笔画的水准也能轻松做游戏了，需要仰望的门槛一下子降低到抬脚可过，以至于一时间大量Flash动画或游戏如过江之鲫般出现，用粗糙的画风不断刺激着所有人的眼球。

最终，本来可以做到更“高清”的Flash游戏，也就二十年如一日被定格在了“简陋”的刻板印象上。

如今，它即将成为“遗产”，由于不再有适宜它生存的互联网土壤（浏览器不支持），所以一些有心人也开始筹备建设专属它的博物馆。

比如一个叫作Flashpoint的项目，使用开放源代码技术，允许人们下载并播放大量游戏和动画。

目前Flashpoint完整列表仅包含38 000多个游戏。

当然，估计在未来，也不会有多少人去博物馆探寻“历史”，游戏的世界就是这么容易被遗忘，但好歹有了个纪念碑吧。

文章整体走怀旧路线，尽管 Flash 游戏对于大多数人来说也并不是太久远的事物。而文章的整体结构则基本按照时间逻辑进行架构。从“80 后”和“90 后”的游戏记忆入手，引出成为“遗产”的 Flash 游戏，这是导语。而正文则从 1996 年 Flash 诞生之初开始谈起，最终落到人们已经在为它建立博物馆。在文章架构中，还是能看出有一定倒金字塔体的结构，如开头为了强调，反复说明 Flash 游戏曾经取得辉煌，以此来映衬其现在成为“遗产”的落寞。

但文章又不全是倒金字塔体，其实更像中学时写的记叙文的总分总结构，导语总述、正文分述、结尾总结，而实质的结构则是按照时间逻辑，将 Flash 游戏的大历史以最简单的话，围绕历史发展的节点进行叙述，中间穿插谈论一些游戏人的态度，从而论证其衰落的部分原因，进行细节刻画。其整体逻辑是前面说结果，再谈原因，用细节展开，最后回落到结果。

没有采访，只是资料的搜集、整理和扬弃，同样需要见功力。

4.7.2 空间逻辑：远近高低 + 各不同

与时间逻辑相似，空间逻辑讲究的是前后左右、远近高低的地域划分。正如苏轼在《题西林壁》中咏叹的那样：“横看成岭侧成峰，远近高低各不同。不识庐山真面目，只缘身在此山中。”

空间逻辑的意义其实并非仅指位置上的变化，如果那样就落了下乘，往往旅游类新媒体才这么做。在我的观点中，空间逻辑并不只是关于位置的变化，而是侧写，即多侧面记录，进而完成全景式的探究。如果说得更通俗点，还可以将空间逻辑的公式从“远近高低＋各不同”变化为“甲方乙方＋第三方”。

如我在2016年发表的这篇评论文章《靠跑步打卡，治不好大学生“赖床”症》：

不管是健身也好，上课也罢，学生不来的原因还在于学校、老师的“节目”没有吸引力。

据媒体报道，本学期某地一些高校引进了手机运动软件，打卡签到算体育分或者考勤分，并且有额外的激励性措施。而在全国范围内，如清华大学、武汉大学等知名高校均有类似举措。这当然不是追赶时髦，据国家体育总局和北京体育大学联合编撰的《中国青少年体育发展报告（2015）》显示：大学基本是放养式教育，很多同学平时不锻炼，体质堪忧。在800米、1000米耐力测试中，大学生整体成绩不如中学生，有大学生跑到一半就发生晕厥等状况。

新闻看到这里，我突然回想起十多年前我在岳麓山下求学时的一段往事，记得当时是大二，也是秋季，突然接到院里通知，明早开始全体晨练。头两天，寝室里的人兴致勃勃，天还没亮就随着黑压压一片的晨跑大部队围着木兰路、堕落街和桃子湖拉练；到了第三天，霸蛮从床上折腾起来，寝室里就有了一半“逃兵”，而到了楼下一看——门前冷落车马稀。好吧，我也歇息去啦。

引入了互联网思维和跑步打卡App神器的这场高校体育新热潮会不会让情况好点，不好说。但仅就打卡而论，网络打卡也罢，实地盖戳也好，想要赖床的大学生总有办法解决问题。如果这种方法有效，早就被将刷脸、打卡引入课堂的一些大学教师用上了，也不至于到现在依旧解决不了旷课问题。一个同学套上 n 个手环，或请阿猫阿狗代跑之类的“逃学”花样总会出现。

其实根源并不是大学生处于放养状态，都有赖床综合征。不管是健身也好，上课也罢，学生不来的原因还在于学校、老师的“节目”没有吸引力，靠技术和规则强制学生就范，就算人来了，魂也未必在这里。

咋整呢？还是那句老话，给学生一个心甘情愿“锻炼”的理由就行，别总想着给学生立规矩，逼他们变成“方圆”。国外有个大学教授的方法颇值得借鉴：他让同学们合力造一艘哥伦布环球航行帆船，于是大学生有的成了木匠，因为体力活少不了；有的成了图书馆的常客，因为每个零件都要力求还原；有的开起了时尚研讨会，光辩论一个中世纪船舱里的布艺装饰该怎么搭配，就能争个三天两夜来……

最后，一学期结束，船造出来了，下水会不会沉不好说，但学生们都成了“大力水手＋谢耳朵”的混搭，“文明其精神，野蛮其体魄”这十个字也就顺便做到了。而且学生们也心甘情愿，不需要用刷脸打卡、学分来制约他们。

甲方是学校，要想获取相关信息不难，有现成的媒体报道和官方消息。

乙方是学生，我不具备采访资质，也没有人脉资源，所以就以自己在大学时代的类似经历进行对比，也算是找到了某种共同语言。

第三方是他山之石，来自国外的某个奇葩方法，看似荒唐，却也有实实在在的效果，对学生的身体素质和知识有双重提升。

于是，整个逻辑环节也就完善了，甲方、乙方和第三方各有表述，受众看罢，也自然有所思考。此处还要说明的是，在文章中杂取各方（至少有甲乙双方）的意见，本就是新闻记者的常用方式，也是为了表明其客观、公正地记录事实和现象。当然，这也是一种自我保护，如果只记录单方面意见，难免偏颇，也会引起不必要的争议。

4.7.3 重点逻辑：从重到轻 + 更新鲜

重点逻辑其实和倒金字塔体有异曲同工之处，即按照重要程度安排论述，先重要，后次要，最后补充说明。这个逻辑顺序可以采用时间顺序，也可以采用空间顺序，还可以采用混搭模式，关键在于按重要性来安排内容。同时，为了证明某一部分内容的重要性，最好在内容中多提供权威证据（大咖观点、调查数据等），形成重点、证据、结论的循环。

在我的《乔布斯为何恨 Flash？》一文中，很显然，权威就是乔布斯，而重点就是他为什么一定要消灭 Flash。

乔布斯对 Flash 的“仇恨”是刻骨的，他不仅通过技术手段在 iPhone 上直接封杀了 Flash，还特意写了封公开信，号召大家都放弃它。理由很简单，耗电量大，运行缓慢，而且存在安全问题。在智能手机时代，这就是原罪。但这只是台面上的理由，对于乔布斯来说，终结 Flash 的时代，才能迎来苹果的高光时代，而且他做到了。

没有了 Flash，光是一款让苹果应用商店赚得盆满钵满的手机游戏，就促使众多独立游戏设计师选择放弃网页，而在应用商店中赚取自己的第一桶金。当然，苹果也要分钱。

于是，这个“阳谋”就兑现了，在乔布斯和一众智能手机时代的领头羊的“共谋”下，Flash 被判了死刑。号称“Flash 接班人，为移动互联网而生”的 H5 技术，这么多年也没能在游戏、应用上有多大起色，原因也是如此。

Flash 和 H5 的原罪是什么？是让网络上到处都有“水龙头”，打开一个网页就能直接玩游戏、看视频，顺便付钱。

在移动互联网时代，苹果和安卓两个系统最大的生态变革就是尽可能把“水龙头”控制在应用商店里，与钱有关的事，则想办法分利润。如此一来，岂能容得下 Flash？集体抵制 Flash 的效果也是空前的。生态的转变导致 Flash 游戏中取得成功的那些大胆创意将被直接用到手游中。

业界公认的是，Flash 游戏创作者发明了塔防游戏这一品类，而在很多人看来，某些早期 Flash 策略游戏为畅销手游《部落冲突》提供了灵感。另一款流行手游《愤怒的小鸟》则被认为借鉴了 Flash 游戏《粉碎城堡》的设计思路……而这些手游恰恰都是 2010 年到 2015 年的主流手游。换言之，最初以独特体验逐步取代端游地位的手游，与其说取得的是载体的胜利，不如说是吸收了太多来自 Flash 游戏的创意。更遑论，大量游戏工作室就是从 Flash 游戏转型而来的。

不过遗憾的是，此类现象只存在于更注重独立设计和创意的欧美游戏产业。在中国，不是没诞生过优秀的 Flash 游戏，只不过大多最终没成气候，更不用说转型手游获得新的高光时刻了。

比如，曾在2007年引起轰动的同人Flash游戏《拳皇Wing》，其游戏画面具有相当辨识度，后来被玩家称作“史上最强格斗Flash”。随后的若干年，这款游戏不断更新，也为创作团队带来了不少红利，该团队顺势进入手游研发领域，发布了自有IP《机动战姬》《重装战姬》。只不过，这款游戏是未授权的同人游戏，随着版权意识的增强以及IP所有者在中国上线了授权手游，《拳皇Wing》就成了“义务宣传员”，逐步淡化为一抹回忆。

类似的版权问题在国内Flash游戏中还有许多。比如《死神VS火影》，看名字就知道是同人游戏；又如《合金弹头》，就是将经典游戏汉化并“搬运”到Flash界面上……缺乏原创精神，喜欢蹭热点，让中国的Flash游戏圈没有真正造就一批独立游戏人。

当然，大环境问题不容忽视。2000年之后的中国游戏市场是网游狂飙突进的时代，盛大、网易、腾讯等巨头轮流坐庄，用一个个躁动的造富神话带动整个行业的风向：大制作游戏，公测在线“10万+”，月流水百万元起……在这样的大环境下，有点情怀的创作者会毫不犹豫地投奔大公司去成就梦想。Flash游戏太“小儿科”，装不下创作者偌大的野心。

于是乎，属于Flash游戏的情怀，在中国也就淡化了，即使成为回忆，似乎也不会有太多人怀念。

文章结构并不复杂，导语秉承标题，说明乔布斯恨Flash恨到用公开信来反对它。正文延续这部分内容，先说明乔布斯的仇恨源自苹果的商业利益。当然，文章如果到此结束，也能保持完整。但随后的次重点说明，在乔布斯的口诛笔伐和亲力封杀下，为何 Flash 还能多活十年。原因在于其创造了许多经典，还启发了流行的游戏玩法，这形成了生命力。

文章到此结束，也依然能保持完整。但还可以继续讨论一些别的趣闻轶事。这部分内容可以对前面的部分进行补充。同时，前面的内容可能知之者众，后面的引论尽管不太重要，却可以因为鲜为人知而继续吸引受众的注意力。因此，Flash 同人游戏、开拓新市场等内容也就有了独特的价值。

最终，文章揭示出除了乔布斯封杀 Flash 的行为之外，另一个让 Flash 消亡的原因：受到 Flash 的启蒙开启了游戏创造之路的创作者不满足于 Flash 的创作局限，在成长之后主动放弃了 Flash，投向了更好的游戏制作技术。

这就有了来自不同侧面的证明，以揭秘的方式层层递进，看似重要性从大变小，可越往后内容越鲜为人知，视角独特，观点奇绝，从而带来另一层的深度理解。这种模式也可称为重要性的阶梯性滑落、新鲜感的阶段性上升、方法论的交互式证明。这就区别于倒金字塔体纯粹的重要性从大到小的模式而自成一体。

4.8 专栏写作体：随笔不随意 + 专注多分神

真正的新媒体人都是在自己擅长的领域里精耕细作，写自己最精通的话题。这不仅是新媒体受众的自然选择，其实也是新媒体的必然趋势。

再强悍的创作者也有自己的认知盲区。过去强调记者是杂家，是因为采访过程中会接触到不同领域的人和事，知识背景不够杂则无力支持采访。但对于新媒体创作者来说，自身的专精领域才是真正决定行业地位的关键。什么都关注，每个热点都蹭一下，其结果是不但杂而不专，也会让自己的新媒体没有锐度和深度，无法对受众产生持久的吸引力。

新媒体创作的内容体裁要根据素材量体裁衣，倒金字塔体、华尔街日报体或三维逻辑体皆是可选项。

但新媒体创作的内容风格更加偏向于个性化的专栏写作风格，特别是自媒体，更需要有独特的语言文字风格，让受众关注自己，就和过去订阅报刊的连载专栏一样。

把自己变成专栏作家，或许是新媒体人，特别是自媒体人殊途同归的一条道路。

4.8.1 散文款：病万变，药亦万变

其实，新媒体中的付费专栏可以看作是部分新媒体创作者转型的一种契机。不过，它不是通过知识付费之路，而是走专注深挖的路线。深挖一个话题，实质上就是垂直极限，也就是专栏。

记得在大学时代，我很喜欢看《南方周末》，其中沈宏非的专栏“写食主义”每周刊登一篇千字文，把人间饕餮写出韵味，自然有了痴迷的粉丝。类似这样在新媒体领域获得成功的人并不是少数，而且往往都是大咖，如专注说金庸和唐诗的六神磊磊，他们在自己的领域的垂直度很高，而他们的内容类似专栏，至于创作的体例，则“良将用兵，若良医疗病，病万变药亦万变”。

如果一定要把他们归为一类，那么这些内容创作者反而不受

新闻体例的约束，甚至没有接受过专业的新闻写作训练，反而专攻散文一脉，走的是形散神不散的路线，跳出了藩篱，进入“病万变，药亦万变”的随心所欲的境界。

2010 年至今，我在《人民邮电报》《创意世界》杂志和《法人》杂志等传统报刊上开设游戏、创意领域的专栏，因此我也算是一个有点经历的专栏作者，多少窥得一些门径，比如下面这篇刊发在 2015 年 3 月《人民邮电报》“乐游记”专栏中的文章《你看过红白机说明书？》：

“你小时候玩红白机看过说明书吗？”过年的时候，一个昔日的小伙伴和我一起在家里玩 Xbox 的时候，突然没头没脑地问我这个问题。

仔细一回想，好像七八岁那年，我第一次接触任天堂的红白机，确实没看到过什么说明书，但竟然也没遇到什么障碍，轻松鼓捣了一下，就玩起了《魂斗罗》《超级马里奥》《大金刚》《坦克大战》等游戏。

在当时，红白机可是高科技设备！至少和家用录像机一样“金贵”。

它到底有没有使用说明书？想来应该是有的，毕竟是标配。

不过，当时普通老百姓手上的游戏机可能来路都不太正。而且，就算附带说明书，你确定自己能看懂日文吗？

搜索了一下红白机的照片，我突然有一种如释重负的感觉。

原来，少年时代的我和同龄人并不是天生的科技达人，而只是会操作红白机上的几个按钮和插槽。标准的说法是：一个复位开关，一个电源开关，一个游戏卡插槽，主机背面有电源接口、

RF 射频输出接口、视频图像输出接口和音频输出接口。

多吗？对当年的我们而言，几乎简单到“一目了然”。游戏卡只有一个插槽，最大的那个开关一推，卡就弹出来了，至于音视频接口之类的，只要不是色盲，就能用对应颜色的数据线将它和电视机连上。

同样简单的还有游戏机手柄。只配了两个手柄，而且上面就只有一个十字方向键和两个按钮。如果还不知道怎么用，只要玩十分钟《坦克大战》就全懂了。

以前的产品设计很简约，哪像现在的不少家用电器，按钮数量快赶上电脑键盘了，比如电视机的遥控器，几乎一个功能一个按钮，结果直到电视机用到报废，我还不知道有些按钮是干啥用的，一次也没用过，干净着呢……

红白机流行的原因有很多。

不用看说明书也能在十分钟内操作自如，这一点绝对是个加分项。这其实就是哲学里的“大道至简”啊。不管产品设计得多么精细，里面的应用多么丰富，但呈现给用户的操作界面，都应该简单到极致。

再说，玩个游戏而已，如果连安装过程都烦琐到需要“专家”来搭把手，那该是多么闹心的事啊。

当然，设计简单还有另一个好处，就是当时作为孩子的我们，可以完全不需要父母的“照顾”，趁着家里没人的时候，自己偷偷地把红白机装配好，比如用拳头直接把卡带砸进去，然后进入随时都可能结束的游戏时间。

据说还有一种体验，不知道当年大家是否经历过，就是在听到父母脚步声时，直接拔掉红白机的电源，而不用经过任何关机步骤。

下次再开机，一点事儿也没有，游戏机可以正常运行。针对孩子们的各种非正常使用行为，任天堂的红白机显得足够“坚固”。

不过，我听说这个设定最初只是考虑到当时全球各地的电压都不太稳定，并且供电也不太正常。

当然，那时候的游戏机，还没有“存档”一说。

文章的导语有一些倒金字塔体的特征，但娓娓道来的自叙方式又类似华尔街日报体，此外，时间、空间和重点三个逻辑也隐约出现了。要把这篇文章归结于哪一类型似乎都不太合适。

我在报刊发表这篇文章之后，将此文分发在我的各个自媒体上，收获的流量相当不错。显然，网络受众也不排斥类似这种专栏风格的文章，形式上虽然散乱，核心即神韵却并不凌乱，通过从没看过红白机说明书这个细节带出一层深意，即用户不用说明书也能用明白的电子产品才是最容易畅销的好东西。如果仔细回想，不难发现这和乔布斯把 iPhone 设计得十分简约，以至于最终成了智能手机的标准样式，有异曲同工之妙，这就是神韵。

所以，我创作的“乐游记”专栏，从 2014 年 2 月起，坚持以“每周一歌”的形式在报纸和网络上出现，而整体的内容是以游戏产业中的方方面面作引子，随意写作，每篇都用粗浅的内容说明一个可以引人深思的观点，内容偏产业发展趋势和产品设计。这算是散文一以贯之的一种神髓吧。

就这么一路坚持下来，而原本我在专栏创立之初，想要把它写成一个极简游戏史的想法，反而淡化了。

其实，一些 MCN 形态的新媒体也在走类似的专栏路线，通过相对统一的风格去输出一种特色，例如吴晓波频道。

在吴晓波频道中，已经很少有吴晓波本人发布的内容，很多内容是在巴九灵这个品牌下小编们共同耕耘的结果。他们的文章有一个坚持用的体例，即对热点事件选取三五个不同角度的专家进行解读。只不过，文章不像常规内容那样，让专家意见散落在文章的各处，而是给每一个专家提出同样的若干个问题，再将他们的回答整理成文，每个专家一个板块，也就变成了百家争鸣。

这里节录其中一篇和我有关的内容，标题为《优酷告赢B站，抖音、快手的日子也难过了？》，2020年7月3日发布在吴晓波频道的各平台账号上，作者署名巴九灵。

这两天，大家都在吃腾讯告老干妈的瓜，但前几天，还有两个大厂也打起了官司——优酷把B站告了，还告赢了。

小巴先说说来龙去脉：

2018年，电影《我不是药神》大火，一名B站UP主将整部电影的原声音频传了上去，取名也很精准——“【1080P】我不是药神 影视原声”。没想到，就惹了事儿。

当时拥有这部电影版权的是优酷，优酷认为，它享有独占性信息网络传播权，谁想要使用这部电影哪怕是纯音频，也得先交版税才行。

故事到这里，该慌的是那位搬运音频的UP主，跟这个B站又有啥关系？

这时，该在线视频平台又指出：“未经我允许，B站不仅审核通过了这个电影原声，还擅自提供电影原声的播放和下载服务，这就是在帮助用户侵害我享有的版权。”

这不，起诉就这么发生了。前几天，案子出结果了，北京互联网法院一审认定，B站构成帮助侵权，需赔偿6.5万元。

…………

于是，小巴特意请了行业观察者、律师和UP主，给大家说道说道这事。

张书乐（人民网、人民邮电报专栏作者，互联网产业观察者）：各方都是从自己的角度进行表述和博弈，有时候难分对错，关键是要有规章。

其实，短视频平台上的影视剧剪辑、精编和改编庞大而无序，由此形成的侵权是一个巨大的体量。类似的侵权诉讼早已有之，但平台方为了流量和内容质量（剪辑影视剧的画面质量通常高过一般原创视频），大多以避风港原则（即平台在收到举报之后，再去查处）为由，睁一只眼闭一只眼。

从这个案子可见优酷有了更多维权意识，但如果这类判例依然停留在敲山震虎上，就无法真正在行业内形成更有效的威慑力。判例的体量至少要大过当下的十倍，判罚也要形成惩罚性效果，才会真正对分享型平台以及有侵权行为的内容创作者具有威慑力。

以当前的技术条件下，发现影视内容（包括剪辑状态下）的侵权行为并非难事。每一个影视剧都有自己的数字特征，如果根据此类数字特征形成行业大数据平台，各种剪辑在内容审核阶段就很容易被鉴定出来。只是平台之间的壁垒及内在的私心才是此类行为以擦边球的方式屡屡出现的关键所在。

而真正让内容平台并不害怕维权的，除了即使判罚，罚款也不过九牛一毛外，更重要的是维权周期过长，个人维权大多会选择放弃，即使是从公司层面进行维权，也费时费力，未必“实惠”，且等判罚生效时，大多数侵权行为早已获取了流量聚合和用户黏性。

因此，最终能解决这一问题的关键，一是靠惩罚性判决来让平台和内容创作者不敢越雷池；二是平台和版权方之间形成版权公共数据池，在技术层面上形成“隔离”，这两个条件都要达成，才能解决问题。

但在另一个层面上，一些影视剧又会“放任”这种剪辑行为：

1. 新剧宣传需要，一些影视剧上线时还会主动邀请 UP 主剪辑，下线时又会要求平台方删除所谓侵权的内容；

2. 激活老剧，这也需要版权方和平台方之间的合作，形成一个更灵活和兼顾版权、平台和内容创作者各自利益的管理机制。

所以，各方都是从自己的角度进行表述和博弈，有时候难分对错，关键是要有规章。

我出场之后的内容，都来自吴晓波频道的编辑李梦清在 2020 年 6 月 29 日对我的采访，她提出了三个问题，而我回答的内容也有近千字。

此外，她还采访了两个人，一位是知名律师，一位是 UP 主，即我提供产业分析，律师给出法律观点，UP 主作为从业者表达他们的感触。不得不说，吴晓波本人的媒体背景在这样的采访中，已影响到了他麾下的编辑们，即客观报道要有多方位解读，即使不能采访当事人甲、乙方，也要找到与之相关的各方人士来解读。

这样的创作是不是太省力呢？我以为不然，6 月 29 日的采访为何时隔四天，在 7 月 3 日才发布？类似这样的采访，我大约是从 2017 年开始，每年约受访三五次，多是这样的节奏。甚至在 2020 年 8 月初的一次采访，其文章发布时间竟然是一个月后。

其实，这么做会降低文章的时效性。如果是为了图方便而凑齐受访人的回复，显然不划算，也没蹭到热点。从表面上看，编辑只是将受访者的回答组成文章，但实际上，吴晓波频道的小编们要对受访者的内容进行去重与核对，同时在导语部分对事件进行客观报道，这都需要时间。

所以，每当这样精编和精炼过的内容一发布，至少在微信公众号上一个小时内就已经有十万 + 阅读量了。

这也算是吴晓波频道始终坚持的不定期放送的特色专栏了。它在形式上不变，而文中的专家总在变化，使得观点多元化。

4.8.2 专论款：专攻一脉，神可散

是否会觉得一般人的创作没办法具有上述例子的高度呢？其实也未必。

至少，基于垂直领域，每个人都可以把新媒体变成自己的专栏，专论一件事情，比如六神磊磊，一个账号说金庸，另一个账号说唐诗，互相不串场。

据我所知，在百家号上有一个创作者，名叫“君笺雅侃红楼”，大约是在 2018 年入驻该平台，一年时间里，就有次 1 800 多篇原创文章，总阅读量超过 3 300 万次，自 2018 年 7 月起，在 8 个月内成功上榜百 + 计划 7 次，曾三次蝉联文史垂类第一名。就如他的账号名称一样，他只谈红楼，非红楼不谈。而创作量也十分惊人，一年 1800 余篇，等于每天 4.9 篇的更新频率，每日写 5 000 字应当是有的。而更耐人寻味的是，《红楼梦》真的有这么多可说的吗？

当然，如果从红学的角度来说，《红楼梦》确实有很多内容可说。但请注意，他只是一个人。而作为个人，如此高频地专挖一个领域，还要如此高频地更新，真的是专攻一脉少阳剑，其他五脉神剑放一边了。

我们通过以下几个标题来管中窥豹吧。

贾母做过的唯一“坏事”，就是为了王熙凤，要了一对母子的命

古代贱妾不能被扶正，为什么鲍二家的还叫贾琏扶正通房丫头平儿？

贾家原本不会抄家，却因秦可卿死，被皇帝北静王抓到可利用的机会

凫靥裘雀金裘很珍贵？弄明白薛宝钗穿的鹤氅，才知什么叫低调奢华

北静王没有圣旨允许，为何执意祭奠秦可卿？贾敬死后皇帝给出答案

秦可卿一死，皇宫内相戴权就来祭奠，细思龙禁尉三字令人遍体生寒

秦可卿为什么享用亲王的棺材？贾珍说不出口的罪孽，害苦了贾家

以上 7 个标题是我随意选取的 2020 年 9 月 26 日和 27 日两天该账号发布内容的标题。它们的共同特点是：专注，专门针对《红楼梦》来分析；重细节，从标题就可以看出，创作者围绕的都是一个又一个《红楼梦》的小细节去深挖。话题延续，在 7

篇文章中，有 4 篇和秦可卿有关，而且都是围绕她的死来做文章。

但这些其实是科普和八卦，文章大多是 1 000 字左右，也就是以一事一议的方式，针对某个具体的问题或者特定的疑问进行解答，而不做过多延伸。于是，这样言简意赅又具有吸引性的短篇科普文，依靠高频次的发布获得了相当强的用户黏性。

如果有一部分人想要了解红楼梦的一些内容，每天看一下文章也就差不多了。

换句话来说，这也算是一种专栏写作，即大主题恒定，单篇文章之间不必相互关联，一次就写一千字。如果一个话题，如秦可卿之死，有很多可说的内容，就可以连续多日集中挖掘话题，从不同的角度去解读。

此外，对同一个话题连续多日进行多角度解读，除了可以让受众集中掌握信息，对他们产生吸引力外，还能方便自己创作。毕竟，集中火力攻克一个堡垒，素材收集和观点把控都会相对容易一些。

这也就成了散文的另一种风格——形散神也散。只不过，无论是形散神不散还是形散神也散，原本都是指单篇散文。而在新媒体专栏写作体中，则是指一系列的专栏体例散文，不仅形式上不用有太强的格式统一，在写作顺序上也不需要有一定顺序。

或许，这本就是互联网时代写作的一个特征，即碎片化创作。此外，正文写作依然和导语写作一样，在新媒体创作中不用每一种体例都写好。就好像书法一样，不需要颜体、草书、瘦金体都得会，只要专攻魏碑，把这一门书法写到极致，就能成为大家。

第5章 观点

从有态度到有温度，有五层

动辄以十万+阅读量来衡量一个新媒体成就的时代，是一个浮躁的时代。然而，在各种新媒体平台上，所谓网红、爆文或大V如过江之鲫，你方唱罢我登场，热闹了一阵也就成了过眼云烟。十年前的意见领袖，你还记得几个名字？五年前的直播网红，还有多少印象？又或者上个月在短视频里很红的歌曲，你能否想得起旋律，哼唱出几句？

或许，它们在脑子里还留有一点印象，但早已经形象模糊了，这就是现实，所谓十万+浮华背后的真相。但不可否认的是，每个垂直细分领域里依然有一些“老字号”，比如读金庸的六神磊磊、说财经的吴晓波，或是甭管到哪里开账号都会火的局座张召忠。

类似这样的人还有许多。尽管他们有的成名于1990年的电视荧幕（张召忠），有的发轫于2000年的财经图书（吴晓波），还有的是从媒体转行之后开始独立创作而成名于2010年的移动互联网（六神磊磊），但他们其实都有一个共同特质：只有做真正的观点输出型“选手”，才能不做“流星”，而成为“明星”。

为何会如此？如果仅仅是红上几天，火上几次，对于新媒体并不是难事。一个好的噱头就有可能帮你做到这些。更为简单的套路是，只要跟风、蹭热搜，你也会发现自己的流量总是很可观。甚至有些新媒体还会惊奇地发现，有时候发表了几篇爆文，就能收获千万流量，隐隐有了超越优秀前辈的“可能”。但绝大多数情况下，除了你记得自己的数据曾多么靓丽外，依然没有人记得你。

本章重点解决三个问题：

- 如何用观点让自己的新媒体快速成功？
- 观点有态度，还要有温度，怎么做到？
- 怎么用观点持续引发爆文，并且不断爆发？

5.1 你与六神磊磊的距离，只差一个观点

没有人有义务记住你，除非他是你的朋友。

对于新媒体来说，要让人记住，表现必须出众。当然，大多数从事新媒体的人，并不具备靓丽的外形，剩下的路也就变得简单明了——语不惊人死不休。原因只有一个：外形可能让人审美疲劳，华丽的话术也是如此，而唯有真知灼见，才能保持生命力。

观点是什么？就是让你被人记住的记忆点。

提起张召忠，或许很多人会吐槽他曾提到的“海带缠潜艇”“雾霾防激光”等看似奇葩但后来陆续被证明确实有效的言论。“海带缠潜艇”是局座于 2013 年在节目中提出的：美国核潜艇不会在黄海活动，因为潜艇在水下走，而老百姓在海里养海带，会用到很粗的尼龙绳，很容易缠上潜艇。自此“海带缠潜艇”成为张召忠的一个著名标签，甚至被网友戏称为“战略忽悠局局长”，简称局座。甚至张召忠本人也在为自己强化这个“标签”。有人曾在地铁中遇到他，并看见他提着一个印有海带缠潜艇的手提袋。至于他的新媒体矩阵，更是以“局座张召忠”这一称呼知名。

类似的，记者出身的吴晓波与六神磊磊也有“标签”。

前者通过其著作《大败局》揭示了一系列“中国式失败”的缘起缘灭，此后在新媒体时代以“吴晓波频道”为名，持续对财经领域的公司和现象进行解读，虽然时有错误，但他在财经领域

的知名度也获得了不少人的认可。

六神磊磊表面上看是以另类解读金庸而出名，但其实他是以跨界的方式，以媒体人的视角，用类似杂文的写作手法，将金庸小说中的细节与热门社会现象进行比照，形成强力的观点输出，属于典型的“借他人酒杯，浇胸中块垒”。

换言之，新媒体领域里的成名人物，本身更准确的定义应该是传播学范畴中的意见领袖，是人群中首先或较多接触大众传媒信息，又将经过自己再加工的信息传播给其他人的人。他们具有影响他人态度的能力，介入大众传播，加快了传播速度，并扩大了影响力。而他们的观点也形成了个性化的标签，或上升为一种人格魅力。总而言之，依然是观点先行，可以服众。

类似这样的新媒体领域里的常青树还有许多，基本上都具有同样的特质，归纳起来有三点特征，并能层层递进。

5.1.1 专注于特定领域：做个“钉子户”

任何新媒体都有自身的定位，而且团队规模越小，其定位就越垂直精准，除了团队精力有限外，对垂直细分领域进行深度耕耘，会更加容易让受众对新媒体产生一定的认知，也容易留住特定的目标群体。

此外，清晰的领域定位，也容易形成在特定领域的观点影响力，如罗振宇早期的《罗辑思维》就定位在读书的基础上，并在对历史文化类大众喜闻乐见的文化现象进行解构的过程中，植入其自身对互联网思维和经济管理等理念的理解，进而形成在多个领域结合处上独有的垂直挖掘优势。

如果领域不垂直，今天谈历史，明天聊体育，后天论数理化，受众也接受不了你的善变，最后除了舍弃，别无他法。哪怕你的内容真的很好，你的受众也不是博采众人之长的专家。

5.1.2 专注于特定话术：大宝天天见

在自己的原创内容里，要有意识地给自己打上标签，或者说有一套持之以恒的话术，达到“大宝天天见”的广告语一样深入人心的效果。

怎样才能让受众对自己的印象更深刻呢？其实传统电视行业早就给了我们一个很好的借鉴——台词，一句万年不变的台词。

比如 1990 年第一个综艺电视节目《正大综艺》里的那句“不看不知道，世界真奇妙”，以及每期必唱的《爱的奉献》。

其实一句让人留下特殊印象的主题台词，往往能起到标签的作用，比如柯南的“真相只有一个”，月野兔的“代表月亮消灭你”，还有冯巩从 1986 年之后每上春晚必说的“我想死你们了”。这些台词往往都能成为一个烙印，因此，给自己的节目设定一句万年不变、雷打不动的台词，是很重要的。偶尔让它出现在固定时间之外，往往还有更多有趣的效果。

在新媒体领域，这样的话术其实已经用得很多，在不经意之间，在日积月累中形成了印象。如六神磊磊在文章里反复强调自己的主业是读金庸，罗振宇动不动就说自己是一个歪嘴胖子，又如我在文章中喜欢以贫道自居……如此种种，就像“大宝天天见”一样“洗脑”读者，这就足够了。

能让人记住的新媒体，才会有生命力。现在，你可以构思一套属于自己的话术了。

5.1.3 专注于特定风格：见字如见面

前面谈及导语和正文时，都反复提及文本风格需要保持恒定。理由很简单，当你攒够一定粉丝量的时候，粉丝其实已经习惯了你的一些路数，即文字风格。

举一个例子，在2014年2月14日，我发表了《天生是玩家，都爱玩游戏》。

每个人都是天生的玩家，每个人都热爱玩游戏，或许这样的说法有些夸张，而有一种游戏，我们一辈子注定会有一次以上的机会去玩，这个游戏到底是什么？

按照电子游戏的类型来看，它的属性很杂糅，它或许是即时战略游戏，也可能是回合制游戏，还有可能是养成类游戏，或者是模拟经营游戏……

闲话一通，或许读者会感到困惑，这么多游戏名词，有些人熟悉，有些人却丈二和尚摸不着头脑，既然是专栏的开篇，我还是先“科普”一下。

即时战略游戏，其实就是立即可给出判断和行动的游戏。

大家最熟知的或许是PC时代的《红色警报》和《星际争霸》。如果以日常生活中的任务来理解，可以比作扫地，或者上级交办的即时任务。

回合制游戏有多个玩家参与，每个玩家在自己的回合中体验游戏的精彩，亦只有在自己的回合中，玩家才能进行操控。

比如各种《大富翁》游戏，或者是我们小时候玩的飞行棋、跳格子。

养成类游戏比较简单。十多年前，许多人玩过的电子宠物玩具就是这类游戏。

模拟经营游戏就更容易理解了。偷菜游戏不正是让玩家模拟经营一家农场吗?

或许你会说，这么多复杂的属性，怎么可能聚合在一个游戏中，而且是每个人都玩过并且喜爱的游戏呢?

不卖关子了，这个游戏就是生儿育女。孩子突然吵着要换尿片了，你是不是必须立刻动手？那就是即时战略了。而你必须和你的配偶一起分工合作来照顾婴儿，这不就是回合制吗？耐心地通过各种物质（如奶粉）、非物质（如教育）资源来培养孩子，让他天天向上，这正是养成类游戏的最佳现实体现。至于模拟经营，营造一个充满爱的小家，没有什么比这个经营体验更让人意兴盎然的了!

当然，要完成上述任务，你必须（也只能是）有钱的玩家。不花钱怎么行!

这样的游戏，我们一辈子中至少有一次的机会去体验。第一次，我们是游戏里的角色，是制造麻烦的最可爱的“坏蛋”；第二次……

我们都爱玩游戏，这不是一个伪命题，它既存在于我们生活的现实中，也是电脑上的虚拟世界，同样也可以出现在“低头族”最爱的手机上。

这是我发表在《人民邮电报》“乐游记”专栏的首篇文章，

并在刊发后在自媒体平台上分发。作为系列专栏的第一篇文章，它的第一个任务就是定风格。这也定下了我后续“乐游记”专栏文章的整体格调：轻松不失趣味，观点独特却也讲求细节，娓娓道来如散文，直指人心若杂文。同时，这篇文章的风格本身是比较平淡的，因此在创作过程中，我特别讲求画面感，而生儿育女能带来极强的画面感，前面的悬念设置则吊足胃口，在答案揭晓时，让受众直接有了见字如见面的感觉。

而后续的专栏文章也同样采取类似的“话风”（画风），每周五发表一篇，形成强烈的个人色彩，受众每次看见，同样感到见字如见面。如2016年4月29日，“乐游记”写到第100期，标题为《咱们谈一谈游戏陪伴大未来》，就是类似的“话风”。

时光荏苒，自2014年情人节我开始写第1期“乐游记”专栏，两年多时间过去，到今天已经整整100期了。作为一个想最终成为有趣味性的游戏史话的栏目，第100期应该写什么呢？

我想，还是继续人工智能的话题，谈谈游戏的大未来吧。

前些天我看到一篇关于人工智能的博文，作者是微软的技术人员，这篇博文有意思的地方在于，微软的程序员现在玩得很“嗨”，他们竟然开始用一款名为“我的世界”的游戏来“训练”人工智能，想用游戏来让人工智能慢慢“长大”。

博文阐述了现在人工智能的战斗力：“一个计算机算法可以被用来很好地执行单一任务，甚至比通常的成年人都做得更好。但是有一点却无法与婴儿竞争，当婴儿接收到光线、气味、接触、声音和种种不适信息时候，你会发现婴儿几乎是本能地迅速学会做出反应。如果大声啼哭，得到母亲哺乳的机会就会增大。”

简而言之，在下围棋方面，“阿尔法狗”是超级英雄，但如果你和它比除了围棋以外的其他技能，比如唱歌、跳舞、说笑话，它就输定了。

所以，不用担心我们会被人工智能赶回原始社会。但这并不是我看重这篇博文的关键。在那个“训练”中，我看到了游戏世界的大未来。

我们为什么热爱玩游戏？或许每一个玩家都会有不一样的答案，比如需要刺激、满足成就感、体验现实中没有的人生等。

但在我看来，归根到底就是一句话——我们寂寞了。

因为寂寞，所以玩游戏。有了游戏，就能找到陪伴。或许这能够解释为何以前玩游戏的多是孩子，而现在游戏已经变成一个全年龄段的共同喜好，就与如今的动漫一样。

倒不是说过去孩子没人陪伴，或者现在每个年龄段的人当中都有不少人缺少陪伴。而是因为在过去的单机游戏时代，我们总是“吐槽”游戏程序太“傻”，不好玩，也只有孩子不嫌弃它“弱智”，而且乐此不疲。到了网络游戏时代，我们不再同程序战斗，而是和屏幕另一端活生生的人“交流”，自然也就不再有“智力”方面的问题了。

如果人工智能能够更好地渗入游戏之中，并“长大”呢？

微软的程序员之所以选择“我的世界”，就是因为这款游戏几乎具有无限的开放性和可定制性，没有真正可以稳稳通关的攻略可言，玩家就是在一个虚拟的世界里成长。成长的结果如何？博文里没有说。

不过，德国有一个团队在另一款游戏里开展的人工智能测试，可以给我们一些答案。今年，德国图宾根大学的一个研发团队开发了一款能玩“超级马里奥”的人工智能程序，研究人员可以通过语音指令来操纵人工智能程序控制“马里奥”，人工智能程序能通过学习掌握技巧，并产生情绪反应。

结果呢？人工智能程序不仅学会了如何在游戏里通关，而且在用简单的英语与其他角色沟通时逐步表现出了社交属性。

一个能交流、24 小时在线的人工智能程序，或许能够让需要陪伴的人类在任何时候都不会因为朋友不在线而孤单。当然，它现在还有点笨笨的，或者说是“萌萌哒”。

当时，此文在网上发表后，不少读者在我的文章下面评论。很多人都在说，关注我的文章，就好像看到一个喜欢游戏、爱讲游戏故事，却总说不好笑的冷笑话的胖子在和他们一起玩游戏。的确，在“乐游记”系列文章中，我不止一次揶揄自己是个懒懒的胖子。

5.1.4 专注于特定时间：给个节目表

新媒体需要持之以恒地创作，至少也要坚持刷存在感。

怎么样才能做到持之以恒？

第一点就是保持日常更新，比如曾经的长视频典范《罗辑思维》《晓松奇谈》都是在每周四晚上发布。

按时播放节目，其实就是提供给用户一个准时收看节目的时间表。以前没网络时，广播电视报很重要，关键就在于它垄断了节目播出时间表。后来不好卖了，也是因为这个表到处都有了。因此，规律性的推送能够让核心粉丝准时守候，这是一件很重要的事。

新媒体不同于传统媒体，更新频率很重要，最好能做到每日一更。如果一日二三更，又不至于影响质量的话，也是可以的。至于发布时间，最好选受众收看比较方便的时间点。在工作日，当然要绕开八小时工作的时间。上下班时间看似是一个好时间，但开车的用户就不方便了。因此，如果频率是每日一更，最好放在晚上六点到十点间。

具体是哪个时间，可以在初期发布的时候做几次测试，再来确定。毕竟不同的新媒体类型和垂直领域在不同时间点上的受欢迎程度不同。

在短视频领域，有一个团队特别火，名字叫作二更视频。除了内容质量确实好以外，其实这个名字就已经成为了类似口头禅一样的节目时间预告表。什么是二更？就是在每晚“二更”时分，推送一个原创视频。这已经是很明显的品牌标签了，值得学一学。

现在，我们进入锻造观点的五个阶段，运用马斯洛的需求理论将观点进行分层，从态度到温度，根据自己的知识和经验，以及素材本身的特征，对内容进行量体裁衣。

第一层心法：为粉丝们找到痒点并止痒（生存需求）

第二层心法：刷完存在感，就刷安全感（安全需求）

第三层心法：我们能不能好好谈场恋爱（社交需求）

第四层心法：你让我找到了全新的价值（尊重需求）

第五层心法：因为你，我成了人生赢家（自我实现）

✪ 5.2　第一层：独特痒点 + 独特理由 + 独特论证

关于粉丝需求的最底层——生存需求，我们可以简单地理解为身体对维持生存的物质的需求。如果用更通俗的说法，就是让受众通过你的内容感受到自己的存在感，或者你的存在感。微博和微信上最初特别活跃的鸡汤型段子手恰恰就是踩中了这个最基础的痒点。

需要注意，你可以“风骚”，但要有观点，有态度。

什么是态度？就像费玉清，实际上还是靠自己的声线来征服人，至于平时的插科打诨，那不过是为了让自己与其他歌手区分开。费玉清的态度，是自己的歌，而不是笑话。太过粗俗浅陋的营销，反而让粉丝反感。在这层心法里，真正的秘诀是朦胧、联想。如果话都被你说完了，粉丝们也就是看完，笑完，走了。

这是起手式，在平时和粉丝形成良性的互动，而不是一上来就是一本正经的姿态，让人不自觉地疏远你。

其核心是一事一议，莫衍生，关键是“止痒”。

如下面这篇我创作于2016年底的《互联网卖菜，岂止一个自提柜的距离》，节选如下：

日前，在某三线城市等12个小区里，出现了一个别样的储物柜——生鲜自提站。于是乎，这个小城有了本地的“网上买菜、家门口取菜”的生鲜电商体验。于是，人们纷传，懒人经济又出新招了。

先点个赞，在北上广出现了两年有余的生鲜电商，总归还是游到了三线城市来了。顺便吐个槽，“楼下的小卖部”作为生鲜电商和外卖O2O的一种网点覆盖形式，在实践中能让生鲜更新鲜点吗？

…………

这可不是迎着季节刷黄桃那么简单，毕竟一个城市的消化量有限，吃不了那么多黄桃。不妨换种思维，咱们不做主妇的生意，而是把目标缩小到被工作压得有点疲惫的白领身上，也就是O2O常说的“懒人经济”。

其实懒人并非真懒，只是时间不宽裕，但又不想天天啃盒饭、吃方便面。既然如此，商家不妨好人做到底，菜送到楼下还不够，帮忙洗好、切好、分类好，调料也配好，只要拿到厨房下锅一炒就好了。这个现在大商超里其实都有了，只是搬到网上，每天推出一批菜式，花样翻新，“懒人”们照单点菜，又免了麻烦、省了外卖，还有了下厨之乐。

这些垂直化的市场，人数是不多，但总归能立足，远比大而不当做个网上菜市场更容易获得用户黏性，也顺便在一直做不起来的外卖O2O和生鲜电商的接缝处找到了商机。还别说，其实一线城市早有这样玩的了。

文章核心是对互联网买菜（生鲜电商）和懒人经济的挂钩进行分析，摘掉其脸谱化的特征，属于辩诬。同时对意欲尝试的人群提供“证明材料”，使其不至于被误解。

效果也就是止痒而已。但切入点不能人云亦云，而是要有自己独到的一面。

如果是通常的论点，或许就围绕生鲜电商是否能满足消费者的需求去展开说明，结论无非是能满足，但是问题多，最后往往还会扯到食品监管问题，大而不当，说完或许就和没说一样。

这就是观点的力量，哪怕由于素材本身的限制，只能消灭一个痒点，也要挠到痒处，才能让人有所得，久而久之也就记得你了。

类似这样针对痒点、精准止痒的路数，其实还有许多，关键的要点有三个，可以称之为三个“独特”。

5.2.1　找准一个独特痒点

举一个例子，2013 年 6 月，虎嗅网刊发了我的一篇文章，名为《别为了刷存在感而升级 App！》。

每天，我都有一个烦心事。

那就是升级。打开电脑，软件管家上一圈的数字提示我升级软件；打开手机，手机应用商店上一个大大的小红点继续提示升级。

每每面对这些提示，我都只有一个办法解决——让它自由地升级吧，在这段或长或短的时间里，我就喝喝茶、看看报，远离网络。

当然，更新完后，我都会立刻进入“孔雀开屏”状态。

有朋友问过我，这么频繁的升级，每个软件或应用每隔几天就从 X.0.123 升级到 X.0.125，有意义吗？貌似使用起来也没看到有什么特别的不同，除了腾讯的 PC 版 QQ 和手机 QQ 升级后，一度让人感到特别不同且特别不爽。

我的回答一般更雷人——电脑上的升级或许是为了体现存在

感，手机上的升级可能是应用在骗你的流量。

当然，这不过是阴谋论。体现存在感可能是主因，而骗流量，手机 App 暂时还没有升级到这么高的境界。

我一个做 App 的朋友告诉我，为了生存，现在大家的日子都不好过。每次用升级体现存在感，都会打出一个用户活跃度的小高潮。

在这段导语中，我击中了当时受众使用智能手机的一个痒点，即频繁的应用升级，并给出了一个理由：这和电脑软件升级一样，有些 App 的升级，就是在刷存在感，让你记得打开它。

类似这样的痒点其实很多，比如在线教育有许多话题可聊。可以选一个痒点，比如网课老师年收入很高，就能引发不少议论。但找到了这个痒点，你决不能拉仇恨，而是要搞清楚到底为什么人家收入那么高。

5.2.2 提出一个独特理由

在看到这个话题时，我的脑海里其实出现了很多答案，比如：年收入很高的只是金字塔尖的一小撮人；网络课程并不仅限于课外辅导，许多网课老师收入高在于他们提供的是职业教育，而且水平确实高。

此外还可以延伸开来，比如在过去，紫砂壶制作的课或许由于地域限制，一年也没有几个学生，但通过网络直播和互联网的长尾效应，将散落在各地的有兴趣的学生聚合成一个整体，这个课堂就变大了，收益也就极大地增加了。

或许还有一个更独特的理由，比如说演技。网课老师在线上教学，不一定要具备特别高的专业能力，而是需要足够好的演技。

观点的独特之处就在于针对演技来阐发，标题就可以取为“网课老师都有‘超能力’”。

5.2.3　给出一个独特论证

在论证过程中，引用和讲述很有必要，而围绕观点展开的论证最好不要东拉西扯。把事情说清楚，能自圆其说就好。就以网课老师的演技为例，可以去采写一个老师的故事，也可以从学生的视角去分析线上和线下培训的差异。核心都是在隔着一个屏幕，没法真正进行眼神交流时，网课老师如何像大牌明星一样用自己的演技（学识、话术、教学节奏）来抓住学生的注意力。

同时，必须记住，无论有多么独特的论证，都必须有扎实的基础，否则就会被读者抨击。

如我在 2019 年 6 月发布的《手机摄像头进化史：一副“麻将”的诞生，只为寸劲不要寸进》一文，节选如下：

手机厂商的战争，早就从跑分变成更加直观的摄像头大战。

单摄、双摄，似乎都还正常。

尽管单反相机至今依然是单反。

直到华为推出了名为“矩阵三摄像头”的布局，并顺势让自家 2018 年的旗舰机 Mate 20 快速达成了销售“封神”后，摄像头大战的火焰也就再难停止。

诺基亚 9“后置五摄”的设计，很快就在 2018 年末实现了莲蓬头造型的美学完胜。据说一些杂牌手机已经在进阶七八摄的“蜂窝煤”式设定……以至于圈内忍不住开启了群嘲模式。

从一饼到九饼的麻将牌用完后，手机摄像头将要抄袭谁？是加特林机关炮还是蜜蜂的复眼？来自Light旗下的一款手机突破性地塞进了16颗摄像头元器件，已经打破了“麻将”的承载极限。

或许，在这种摄像头的军备竞赛中，每一个参战方也未必真醉心于此。

……（对手机摄像功能的历史回顾，并以某醉心修图的知名手机为例，以说明提升拍照功能并不足以让手机成功）

咏春拳里，有一门功夫叫寸劲，即在近距离攻击对手时，看似动作完成，却突然加速收缩肌肉，而输出短促、刚脆的爆发力量。摄像头战争就是“寸劲”，而非“寸进”。

按照大多数调研，消费者重视的手机功能排序，大多是外观设计、屏幕大小、电池续航，其后才是摄像头。之所以会如此，并非用户不重视细节上的体验，比如跑分、芯片或其他。

非不为，实不能也。并不怎么关注产品专业测评的用户，大多能真正直观感受和给出具体评价的，无外乎这些极易察觉的特征。

于是，在iPhone设定的智能手机整体形态不易颠覆的状态下，除了大屏时代当道外，水滴屏、穿孔屏乃至在MWC2019上大放异彩却又被普遍视为鸡肋的折叠屏纷至沓来。

至于续航能力，就仁者见仁了。

至少，苹果就一直有偷偷地通过升级来缩短续航时间，来隐形推动用户迭代机型的嫌疑。苹果敢于如此，也显示了用户的关注点并不在此。

于是摄像头成了一个带来更加直接的视觉冲击力和体验的突破口。

颠覆相机只要一个概念，双摄时代开启了手机厂商想象力的营销课。

如果一部售价数千的智能机，能够达到起步价 6 000、入门价 20 000 以上的单反相机的水准，用户是否会心动呢？

显然，在不能颠覆本行业的大前提下，去跨界“打劫”相关领域，是一门好生意。

……（对手机拍照能力可能获得的更多想象空间展开论述和论证）

于是，在这场战争中，包括国产手机厂商在内的各路诸侯也都不得不战。尽管下一轮智能手机颠覆式创新的路径依然不明，但包括摄像头在内的技术积累必须完成。

就好像昔日的战列舰大战一样：拿到了无畏舰的设计图，掌握了船型的颠覆式玩法，却可能在水密舱、火炮口径、自动装填、装甲冶炼等各个环节遇到致命的瓶颈。

唯有长期进行技术积累的英德两国，才能在大同小异的军备竞赛中保持不落后。

也只有做到“不落后”，才有机会在各种可能下，打出“寸劲”。

该篇文章发布之后，不到 10 分钟就获得了今日头条的青云奖。

请注意，三个“独特”其实在后续的四层心法中也要运用到。换言之，这是观点的起手三招。

✪ 5.3 第二层：找出痛点 + 消除焦虑 + 力求根治

安全需求主要有三个关键词：保护、秩序、稳定。不要认为这样的粉丝需求只聚焦于公共话题和时事热点上，其实往往此类话题距离他们自身生活较远，虽然围观看热闹的多，参与感却并不强烈。

本质上来说，安全感是对可能出现的对身体或心理的危险或风险的预感，以及个体在处事时的有力或无力感，主要表现为确定感和可控感。安全感来自身边，来自可以用得上、可能用得到的领域。新媒体在观点上如何赋予受众安全感呢？或者说提升安全感呢？

第二层的三部曲，即找出痛点 + 消除焦虑 + 力求根治。

简单来说，安全感的缺失其实很容易体现在个体的焦虑上。之前知识付费就是围绕城市人在事业上的焦虑，通过放大焦虑和提供所谓的快捷自我提升方式而名声大噪。作为新媒体的一种生态，知识付费的许多内容非但不能解决焦虑，反而让人付出了学费之后发现，自己真的为焦虑交了学费。但这也提供了围绕安全感而展开观点的一种方法，即通过治疗焦虑来解决受众的痛点。

下面这篇在 2016 年 4 月发布的文章《褚橙：你学得会，但只是营销》，解决的就是当时一些电商从业者的痛点：怎么制造爆款产品？

和生鲜电商合作，在舆论和包装上双层励志的褚橙成了爆款。当人们吃着比隔壁山上贵很多的冰糖橙时，洋溢着满满的情怀。

笔者曾经和一个做大生意的朋友谈起褚橙的成功，他套用了那本《褚橙你也学不会》的书名回复我后，又补了一句：若我有褚时健那般大的名气，也能如此……这句话似乎有合理性，但众多跟风褚橙的情怀水果、糕点，却再难有成功案例。

褚橙的营销仅仅是靠名气吗？其实，这只是外衣，它的成功在于有一个特别善于打动人心的编剧。

十年前，前红河集团老总、烟草大王褚时健出狱后，独上哀牢山种橙子，引发媒体关注。布局就从这里开始，牢狱之灾结束、改革人物、特别有意味的哀牢山，这三个关键词串在一起，给人一种很悲伤的情绪。这第一步，或许是无意为之。

但数年后，报道的风向变了。独上哀牢山、用橙子来讨生活的悲情概念被悄然置换成再次创业的悲壮情怀，当然还附加了将过去对烟草种采质量管理的经验移植到种橙之上的小注解……这是第二步。

而由此引发的众多成功人士上山朝拜的后续报道，则不断让褚时健的往事和近况成为“头条”。持续的曝光度让接下来的第三步在一个巨大的口碑积雪之上，形成雪崩式的传播效力。

后面的事情顺理成章：和生鲜电商合作，在舆论和包装上双层励志的褚橙成了爆款。当人们吃着比隔壁山上贵很多的冰糖橙时，洋溢着满满的情怀。

这又回到了之前的那个悖论——如果没有褚时健这个名声，能成吗？答案是可以。我们不妨戏说一番，把褚时健这个名字换成知乎红人，传播的平台从大众传媒缩小到知乎这个网络问答社区，会如何？

你会发现脉络惊人的相似，只是故事略有不同。知乎红人的高颜值、学霸标签，大约等于褚时健的改革名人身份，而青梅竹马男友、先天患病但积极向上的话题，则类似褚时健的牢狱之灾和种橙子的励志历程。

先期铺垫，长期潜伏，知乎红人并没有一上场就演出悲情戏，而是陆续在知乎上回答了好多问题，完美塑造出了这样一个形象：一个自幼父母双亡，患有先天性心脏病的女孩，自强不息考上大学，而后赴英国深造，回国后和青梅竹马的男友结婚并且经营着一家花店。这样的奋斗传奇不仅俘获了大批文艺青年，更为接下来的捐款事件埋下伏笔。

然后，才是引爆热度，获得大V加持，以励志为突破口，形成一股舆论旋风。不同之处有三点：一是角色名气不同，褚时健是成名已久的人物，而知乎红人却是崛起于芸芸众生中的平凡人；二是转折点不同，褚时健和褚橙的转折点或引爆点是水果上架之时，形成真正的高潮，而知乎红人的则是骗局被揭穿，原来红人是个骗捐款的男人。三是故事顺序略有不同。褚橙是先悲情后励志，而知乎红人则是先励志后悲情，再又励志。造成这一原因的关键也很简单，褚时健是大牌，一上场就是满堂彩，而知乎红人以前不过是群众演员，需要用演技先征服观众……

但营销再美，最终还是要回归到产品质量上。正如再好的宣传，也需要有好的产品匹配。褚橙之前遭遇的质量下降质疑，就是一个例子，是口碑雪崩之后名不副实的反噬，而知乎红人的骗局被揭穿更是如此。

毕竟在观众入戏之后，产品会形成口碑，并被重新解读其的好坏，而不再是只看情怀或宣传海报。

这是一盆冷水，但也是一盆清水，如果从三部曲的角度来看，则可以看出一个挖掘观点的思考轨迹。

5.3.1 痛点在哪里？

可以发现，第二层心法由于切入的是痛点，其实受众面通常就比痒点要窄。

毕竟痒点或许普罗大众都会有，但痛点则相对局限于某一类人。缺点是直接吸引的人群会少，优点是目标人群更精准，带货的转化能力更强。

上述例文的目标人群是想给自己的产品打开一些差异化通道的商家和营销者。他们的痛点很明显，同样的商品，比如说橙子，除了贴上某些地域标签外，似乎很难形成差异化。

所以，褚橙到底能学得会吗？对于商家来说，这是一个更加具体的痛点，而痛点引发的焦虑也就分外明显了。

毕竟，这是生存的压力。

5.3.2 焦虑有多少？

作为输出观点的新媒体，在面对这一命题的时候，想要形成自己的独到观点，首先要明确：焦虑的发源地在哪儿？焦虑到底有多大？

例文中，焦虑的关键不在于学褚橙，而在于如何差异化。

其实类似褚橙的办法有很多，看起来也能缓解焦虑，比如通过卖惨的方式进行营销。但说白了，忽悠式营销或许会带来一时收益，对真正想做成点事的商家来说却是慢性毒药。

这才是焦虑所在，想要快速成长，却也有自己的顾虑；可慢慢地发展，看着别人赚了快钱，心里又格外不舒服。于是，观点来了：即使是励志的褚橙，也是十年陈酿结出来的果实，生逢逆境的褚时健都不急，你何必操之过急？

观点是用来治疗焦虑的一盆冷水，防止头脑发热。

5.3.3 治疗怎么做？

观点抑制焦虑，是冷水；还要有方法来治疗焦虑，这就是清水。

文中提供了两类清水。一种好学，即夯实质量，否则越爆红的营销越可能跌得很惨。还有一种难学，即寻找新的机会，如褚橙的十年精耕，它的成功其实除了在于质量好和励志的故事外，还在于它站在了生鲜电商的风口上。但这也是启示，即打破惯性思维，去寻找自己的产品可能跨越的行业边界，形成跨界优势，最终根治痛点。

再来看一篇例文，《为什么突然大家都在谈少儿财商？它也许是一种“非卖品”》这篇我在多平台获得十万＋阅读量的解惑文章，也获得了今日头条的青云奖，导语是这样的：

对于20年以前的孩子来说，财商的最大承载场景，是一个小小的扑满。

对于近20年以来的孩子来说，财商的场景被无限扩大，或许无处不在。

何况，扑满也越来越不兼容于现实场景：硬币越来越少见（装不满），消费越来越大额（装满了也不够花），支付逐步无纸化（更便捷和更常用），等等。

何况，财商哪怕在少儿层面被简化，也不会只是扮演一个守财奴的角色，需要有更多的生活场景来挖掘财商的不同方面。

或许，可以由单纯的财商启蒙，找到更多介入“有用”领域的机会，进行混搭。

或许，一切场景搭建中，最合适少儿体验和参与的，首推游戏化启蒙。

换言之，场景启蒙也应该是一种进阶式的连环套。节奏可以是从游戏中来，到学习中去，回游戏里进阶，在收藏中增值……如此循环往复。

后续还有 3 000 多字的内容，从各种带有少儿理财功能的 App 和游戏中，解读少儿财商该如何培养。这也能击中部分家长的痛点，并利于摆脱焦虑，即通过场景教学来循序渐进，不能急躁。

由此，我们可以得到第二层心法中文章架构的整体思维逻辑：

第一步，找出某一类人的痛点，比如产品质量很好但销售难做，酒香也怕巷子深；

第二步，找到某一个类似的案例，提出一个摆脱焦虑的方法，形成观点；

第三步，观点或许难以出彩，可以找到更多同而不同的案例，让观点更丰富，提供更多具有启发性的思考。

5.4 第三层：互动论争 + 你侬我侬 + 成为恋人

社交需求其实就是对爱情、友谊和归属感的需求，但真正要实现它一点也不简单。

新媒体本身是以粉丝为基础的。换言之，不管新媒体的传播方式如何，都是以社交为核心。因此，满足这一层需求，其实就是从一、二层这样的初级需求出发，进阶到一个满足感较为强烈的层次。

观点要更上一个台阶，简单来说，第一步就是要有互动。

用案例说话，更有说服力。以下是我在搜狐号上在 2010~2019 年单篇阅读量最高的一篇文章，即 2018 年 12 月发布的《别了锤子！罗永浩或将销售下一个“情怀”》，阅读量为 201 万次。而在其他平台上，这篇文章也引发了不小的争论。

近日，罗永浩因为子公司法人变动的事情引起关注，还登上了微博热搜。

这或许是罗永浩最后一次上热搜，毕竟“情怀大叔”的光环已经不能让他成为主角了。

与此同时，网传锤子内部邮件称由于公司未能及时收回应收账款，11 月工资无法如期发放。这是锤子在两个月内再次传出欠薪的消息。

但这并不重要，重要的是，锤子似乎已经下了决心，不再继续往手机这条绝路上夺路狂奔了。

11 月秋季新品发布会上，锤子就推出了三款智能家居产品——

分别是畅呼吸加湿器、地平线8号旅行箱与大卫和希瑞智能音箱。

怎么看都觉得锤子变成了一个小米生态链复刻版，当然还是个不盈利版。

“锤子数码”的经营范围也发生了一些变化，新增了“出版物批发；出版物零售；广播电视节目制作；工艺品、礼品、文化用品；互联网文化活动”等方面的内容。

“情怀大叔”罗永浩将向何处去？《中国经营报·商学院》记者范文茜和书乐进行了一番交流。

贫道以为，文创路线将是罗永浩重启“主角光环”的唯一路径，也是当下他正在做的选择。

相比起手机这种功能性产品，文创更符合罗永浩“情怀大叔”的调性和人设，而且文创产业利润空间和弹性更大，有转型的机会。

同时，就锤子的目前形势来看，如果不能在文创领域突围，而继续纠结于手机领域，它的最终结局要么是被并购，要么将成为手机市场壮烈的“牺牲者”。

毕竟锤子过去一直在走“个性化”的路线，靠罗永浩个人魅力背书，而在产品性能上并没有给国内手机市场带来大的冲击，以现在的融资环境和手机行业格局来看，二、三线手机品牌空间越来越小，投资的意义并不大，因此资本很难再为罗永浩的“情怀”买单。

而且，粉丝已经为情怀多次买单、多次失望，情怀也是一种消耗品，比起艰难增值来说，消耗的速度是惊人的。

这本是《中国经营报》记者对我采访内容的“复制粘贴”，

但我在重新编撰成文时，我有意为互动和争议埋了一些“地雷”。

当然，这么做不是为了引战，而是为了引发讨论。

5.4.1 互动不能没争议

观点尽管不可能没有争议，但我认为，最好不要为了引发争议而哗众取宠。毕竟，新媒体本身带有媒体属性，刻意的引战或许能带来流量爆发，但长远来看，会被看作是泼妇骂街，久而久之也就无人理睬了。

当然，用这种引发争议的思路去找到自己观点的立足点，也并非不可。一个取巧的方法是，可以在你自己擅长的领域里竖立几个靶子，前提是你自己确实有异见，这些靶子最好本身自带话题点或争议性。这样，你总能争取到一些和你同一个立场的受众。

比如我选择了罗永浩这位“相声大师”。而我的靶子并非他的言论，而是他的商业模式——兜售情怀。争议就在那里，就看你如何去挖掘，此处有两点可以参考。

其一是随大流。即对罗永浩兜售情怀的商业模式进行一定的臧否，和大众观点相似。确保参与争论的读者能够和我一起求同存异，而不是彻底对立。

其二是存小异。即给罗永浩兜售情怀的商业模式提供一个打破瓶颈的可能，也就是文中提到的文创路线。文创在 2018 年因为故宫文创的崛起而被外界瞩目，同为情怀模式，文化是底色，创意是销路。这恰恰是罗永浩所缺乏的，或者说缺乏实用性的创意，让他的情怀难以真正打开市场。

于是，在文章的引导下，跟帖就变得颇为有趣了。没有人玩口水战，在情怀的感召下，大家纷纷慷慨支招，为罗永浩如何在数码文创上找到突破口提供各种可行建议……让我印象最深的是，有人建议罗永浩不要搞直播发布会，而是去做直播网红，认认真真地用情怀去带货。而有意思的是，在 2020 年 4 月 1 日，经历了各种失败后号称“卖艺还债”的罗永浩，真的开始在直播间带货。

此外，必须说的是，文章在内容分发平台上获得的评论越多，越容易成为爆文，这是算法的特点。其实在所有内容平台上，评论多的文章就算没有算法推荐，也同样会成为爆文。原因很简单，读者有兴趣评论，也就有兴趣转发、分享，想要不成为爆文也难。

5.4.2 谈出恋爱的感觉

引出争论，就必须及时跟帖。赞你的你要回，骂你的更要回，而在回复中，可以不断地诠释自己的观点，好处是除了让赞你和骂你的人都可能变成自己的粉丝外，也能进一步通过讨论来展示观点。

但这还不是谈出恋爱的感觉的关键。如果说第一层和第二层心法是围绕态度而展开的，那么第三层则是从态度向温度转变的一个过渡层。具体到观点上，就是让观点有温度。

或许，你很难理解这个让观点有温度的说法，那么我们来做一个简单的解释：让观点持续输出，观点的角度和锋芒总是指向一个方向，在一段时间内输出的内容中，反复强调和体现观点，从而让你的受众觉得你是一个自信且坚定的人。

在恋爱中，自信且坚定就是最宝贵的品质，而在新媒体中，这能够让受众慢慢转化成粉丝。新媒体通过和用户进行长期的接触，形成了真正建立在品牌和产品上的用户黏性，再通过社交网络释放出来。这时候尽管也会有受众围观“选美佳丽”、追逐“话题明星”的情况，但你们之间的感情真正达到了“你侬我侬”的状态，也就不会允许“第三方”插足。

此时粉丝会和账号之间进行长期互动。好比你是一个老师，粉丝总是时不时来和你取经，然后更多的人通过你们的交流内容获得需要的东西，并且加入交流中。

此时的粉丝基本上就是“纯度”较高的真爱粉了。而且，作为运营者你会发现，通过交流，你自己也学到了许多东西。就像最有名的经济学通俗读物《牛奶可乐经济学》，不就是来源于学生的各种稀奇古怪的提问吗？

5.4.3 来一场爱情长跑

“打是情，骂是爱，拳打脚踢谈恋爱。”在新媒体的观点输出中，你不可能永远猜对你的目标读者的喜好。于是，有人路转粉，有人粉转路。

这就和恋爱一样。真正的核心粉丝会相信你持续一致的观点输出，并形成黏性，但偶尔也会闹点小意见。其实，这也有益于你不断地发现自己的认知盲区，甚至开启更多的视角。

我有一个老粉丝，叫“胆小莎莎”，是西部某高校的老师。我已忘记何时加了她的微信，平时也很少聊天。然而，平时少言寡语的“胆小莎莎”，总是给我的朋友圈内容点赞。有时候，她会对我发布的一些内容做一些点评，分享自己的感受。这些点评时常给我带来启发。

类似这样的粉丝还有不少，我都没见过面，甚至不少人都不知道性别。不过，我的内容和观点使我和这些铁杆粉丝立了良好的交流氛围，甚至可以说是“爱情长跑”。他们如果对我的观点不赞同，从来不啬于点评或批评，帮我再一次打开视野。

这样的感觉其实更能激励和监督一个新媒体创作者坚持输出，并提供最真诚的内容与观点。如果你还没有这样的粉丝，那就争取早日拥有。这也是衡量一个新媒体成败的关键，其实也是凯文·凯利说的一千个铁杆粉丝的理论：创作者，如艺术家、音乐家、摄影师、工匠、演员、动画师、设计师、视频制作者，换言之，也就是任何创作艺术作品的人，只需拥有 1 000 名铁杆粉丝便能糊口。这里的铁杆粉丝是指无论你创造出什么作品都愿意付费购买的人，他们愿意驱车 30 千米来听你的讲座，愿意在社交网络上关注你发的每一条消息，而且迫不及待地等着你的下一部作品……

这对于许多内容创业者来说就是梦想。尤其是对在各种社交媒体上同时进行创作的内容创业者来说，似乎随随便便就能在微博、抖音、今日头条和微信公众号上获得成千上万的粉丝，但事实上，大部分人都是围观的路人，只有千分之一的人才是你的铁杆粉丝。

当然，要获得铁杆粉丝，通过第三层心法用持续稳定的观点去满足粉丝的社交需求还只是一个开始，后续两层心法用到实处，才能真正获得铁杆粉丝。

✪ 5.5　第四层：常带感情 + 新的价值 + 偶遇尊重

第四层是尊重需求，如何让人觉得自己被尊重了呢？在新媒体领域，如果文字通篇用上各种敬语和恭维话，动不动就是“读者大大”“亲”之类的，只怕会适得其反。毕竟隔着网络说这种话，除了让人感觉你虚伪，不会有太多作用，毕竟你又不是做客服的。

让人感觉被尊重的方式有许多。在我看来，一个比较好的办法是让受众感觉自己从你的内容中获得了新的价值，与此同时，从你的内容里能感觉到你言语的温度，感受到你的感情。

曾经有个朋友问我内容创业应该如何做，我给他的答案是三步：首先，要让用户看到；接着，要让用户读完；读完后，让用户有兴趣传播。

真正做到传播自己的内容，要掌握粉丝的一个心理，即炫技感，让粉丝有这种想法：“我读到了一本好书，来，你们读读。”如果要到更高的层次，就要从炫技感提升为价值感。

如果你的内容能够让粉丝发现全新的价值，真正为粉丝赋能，你一定能获得成功。毕竟别人都赚粉丝的钱，而你或许也在赚粉丝的钱，但同时还有所馈赠，绝不仅仅是让粉丝享受高品质产品、获得体验感这么简单。

5.5.1　文字常带感情

我在大学读新闻专业时，每每读到梁启超在新闻领域的贡献时，总是感觉糊涂。作为清末维新运动的领袖之一，梁启超在我国近代新闻史上有独特的地位。他在清末民初不但拥有大量的读者，而且还创造了一种报章文体——“新文体”，简单来说就是半文半白，平易畅达，文字常带感情。

最关键之处在于文字常带感情。对于新闻专业的学生来说，很多时候我们被要求保持立场客观，自己不能跳出来评价事情，那么感情又从何而来呢？

写新闻和评论久了，我也就发现，原来基本规则虽然不变，但当笔力、学识和见解达到一定层次时，自然就可以文字常带感情。

比如六神磊磊的《我们到底还能写多久？》里的一段话，就蕴含了真感情：

有不少介绍所谓运营攻略的文章，说我这个标题、定位、角度真好，又“垂直”，又“细分”，打点精准，让人印象深刻。

可是你们扪心自问这是真的吗？在当时，这几乎是一个最可怕的创意。

首先，就是这个近乎儿戏的搞笑笔名。如果上天再给一个机会的话，我一定把它修饰得稍微洋气一点。

其次，是这个偏得几乎可以称为作死的题材。看到这个名字，大概一切不喜欢金庸的人，都会自动无视这个专栏。

还有几乎没希望的所谓商业转化。一个读金庸的怎么转化呢？难道把这个号做火了卖给金庸先生？

还有大家都关心的自媒体电商，我一个读金庸的能卖什么呢？难道去卖管制刀具，龙泉宝剑，或者杨过同款玄铁大宝剑？

对于公众号，我准备不足，一无所知，创意失败，更新懒惰，曾经几次想要关掉不写了，但幸运的是，我坚持了下来，直到今天。

这段文字的感情，其实很能激发同为新媒体创作者的同行的热血之心。一鞭一条痕，一掴一掌血，就是此理。于是，很多人联系自身，找到了自己坚持下去的价值，这就足够了。

5.5.2 提供全新价值

用一个新媒体话题来举例。2016年11月，张杰、周笔畅等众多明星大咖纷纷在秒拍上参与一项名为“假人挑战”的活动，并通过微博进行传播，视频引发网友疯狂围观。玩法很简单。参加者必须像假人般一动不动，仿佛世界突然静止。

是不是有点像曾经火爆一时的冰桶挑战？但套路不一样了，因为不需要桶装水了，所以每一个人都可以玩。

只要内容足够有娱乐性，脑洞足够大，就完全可以开发内容创业的新地带。这对于许多短视频和微博用户来说太有吸引力了。

谁得利？秒拍。对于它来说，这些内容在网上爆火，就是品牌影响最大化。

谁受益？每一个进行内容创作的人都可以从中获得更多的机会，找到或许本来一直挖不开粉丝和流量的那把铁锹。

谁爽了？每一个围观的人。人们过来围观了一番，结果一部分人随手就关注了，另一部分人因为看到这些玩假人挑战的创作者有创意，说不定被唤起了不少新的想法，也就成了粉丝，或者开启了自己的内容创作之路。

我给你价值，你给我内容，就这么简单。这其实就是昔日报业大王赫斯特的一句名言："你提供图片，我提供战争。"当年说完这句话后，他的报纸就通过发表各种带有战争引导的所谓纪实图片，引发了 1898 年的美西战争。战争爆发后，报纸有了更多猛料，持续大卖。

对于大多内容创业者和内容营销者，达到这个层次就已经不是在蹭热点了，而是成了制造热点的人。

如何在新媒体创作中体现全新的价值，将在下文和"偶遇更多尊重"这个要素一起进行诠释。

5.5.3 偶遇更多尊重

如何让受众觉得自己被尊重了是一个问题，太刻意地去迎合受众，会让他们觉得你虚伪，似乎只有偶遇才能擦出火花来。

2018 年 9 月，我发布了一篇标题很"伤人"的文章《我把"古风音乐"扒了个精光》，拿了今日头条的青云奖。而在其他平台上，两年多时间过去了，依然有人在点赞，有人在评论，只是没有人骂我。文章有点长，将近 3 000 字，为什么那么多人能读到结尾还评论呢？看看便知道了。

从哪来？到哪去？你是谁？

如果把这三个终极问题用在古风音乐上，倒是能一知半解。

可以知道的是来处。最早是十多年前，剑侠、玄幻类的游戏为了营销而在论坛上开展填词大赛，最终让本来是给游戏旋律填上一些歌词的粉丝行为逐步演化成了一种小众创意文化。

不知道的是去处。古风音乐当下已经开始商业化了，在人民大会堂、鸟巢和居庸关开过演唱会，不少创投也开始跟进……

只是古风音乐的未来是继续在二次元圈粉，还是成为嘻哈之后的又一次流行乐潮，没人看得明白。

半解的则是古风音乐到底是什么？

我怎么觉得自己是文盲？

按照百度百科上的注解，古风歌曲是21世纪新出现的一种音乐风格，其特点是：歌词古典雅致、措辞整齐，宛如诗词歌赋，曲调唯美，注重旋律，多用民族乐器，不同于摇滚音乐的金属感和古典音乐的厚重感，古风音乐自有其独特的中国式美感。

看上去似乎很不错，而实际上呢？

把词曲分开来看，会更容易明白。

古风音乐的词，被媒体引用较多的，如“着笔众生相，诸色琳琅，水袖纷扬，进退自循章”（《十二风华鉴》）、“年少纵马且长歌，醉极卧云外山河，曾记兰台温酒伴月落”（《盛唐夜唱》）、“纷赴征鸿倦客，争知有，麒麟颜色”（《白衣出江左》）。

乍一看，颇古雅；细一读，有意思；回味品，啥玩意……这或许是个人的观感，不过很多网上的分析，乃至复旦大学《诗铎》丛刊执行主编胡中行教授的点评也都大体趋向于此：古风音乐不像早前中国风音乐那样文白相糅，而是基本采取文言文范式，往往会用许多古诗词里的意象和词句进行架构，或者说拼接、剪辑。

胡中行在评价这首《白衣出江左》时，甚至说了一句：“我既欣喜于现在的小朋友那么喜欢文言文，又担心他们似懂非懂，会走歪。”而更多非古风爱好者则毫不客气地说，看着生僻字和乱搭在一起的意象，我觉得自己是文盲。

当然，古风粉会解释，诸如“麒麟颜色”这一怪异组合，其实是指的《琅琊榜》中的“麒麟才子”梅长苏。类似这样针对某部游戏、网文或某个游戏人物的创作，只有“圈内人”才解其中滋味。

不过话说回来，就是古典小说里的词话，比如《红楼梦》里的《枉凝眉》，或《水浒传》《西游记》里承上启下的诗词，单列出来也往往别有韵味。许多古诗词也有创作背景：知之，更添意境；不知，依然可人。

读不懂，只是听着很风雅，却不耐琢磨的古风音乐，能活得长久吗?

未成曲调先有“词”？

更为外界所诟病的，是古风圈的抄袭风。

除了在歌词上似是而非地借用古人的诗词，有点寻章摘句老雕虫和为赋新词强说愁的味道外，古风音乐在曲调上有颇多翻唱。

最常见的是对日本歌曲的重填。

比如某音乐综艺中某歌手因为演唱过古风音乐而引发吐槽狂潮，就因为那首歌的曲调部分来自日本流行女歌手的作品。

类似这样的翻唱在古风圈并不少。2005年，古风刚刚兴起时，最早一波在网络中流行起来的古风歌曲大部分都是对日本流行音乐的填词翻唱。

只是，近年来因为版权问题，以及古风商业化的趋势超越了过去的同人填词，也让这种有点盗版意味的翻唱作品变得稀少起来。

有很多人习惯性认为这是古风音乐在兴起之初走捷径的缘

故。而例证则是早年港台经典歌曲也大多是翻唱日本歌曲（有授权的翻唱或重新填词）。

但那是一种商业化程度很高的状态下的流行歌曲运作模式。对复古有特别情怀的古风音乐创作者选择日本歌曲的原因，除了大部分创作者只是爱好者，而非专业人士，更没有作曲能力外，还因为中国古典音乐的五音——宫商角徵羽，比现代音乐的7个音符少了“fa”和“si”，而日本的和风音乐则恰好承袭了中国古典音乐的五音。

然而，到了现在，商业化趋势凸显后，古风创作者赢利的目的性越发强烈，而不能“拿来”未经授权的日本歌曲后，尽管有了少量专业作曲人的加入，还是开始出现了曲子上的青黄不接。

未成曲调先有“词”，也成了扼住古风音乐创作的一道枷锁。

解决不了的仪式感?

古风音乐的突然流行，在某种意义上是当下经典传承风附带引爆的。

尤其近年来刷屏的《中华诗词大会》，其背景音乐用了大量的古风歌曲旋律，其中不少歌曲恰恰来自一些武侠游戏的主题曲和古风音乐人创作的歌曲。此外，2018年的爆款节目《经典咏流传》中，大量的古诗词通过重新谱曲演绎，也在扩大着古风的流行辐射范围。

跳出二次元，不再局限于武侠或玄幻的游戏与网文之类的同人作品，成为了古风音乐的机遇。

然而，问题依然很难解决。

古风创作者过于强调仪式感，却普遍缺乏古代文学积累和文言文写作能力的矛盾，正在爆发。

所谓仪式感，即不似《经典咏流传》那样，给古诗词重新谱曲和二度创作，而是选择自己作诗填词的方式，讲求风雅的传承。歌词是古体诗词，成了古风的行业标配。

但除了薄弱的文言文基础造成的许多似是而非的词句外，更严重的是真正诗词写作的仪式感来感——平仄与押韵，要么被无视，要么被牵强地使用。

结果，许多古风音乐作品要么在文字上很风雅，吟诵与演唱时就平淡无奇，全靠旋律硬撑，失去了古诗词哪怕曲调遗失也依然具有的音韵美感；要么为了强行押韵而词不达意，失去了“有井水处便有柳词”的传播功能。

这样的状况在诗词史上曾广泛出现，南北朝的宫体诗、唐末的香奁体、明永乐年间的台阁体、清代的桐城诗派，都是过于追求某种仪式感而失去了诗歌本身的味道，反而变成类似回文诗这样的文字游戏，成了文人雅士的小圈子里的一种小众雅趣。

当然，比起古文根基深厚的这部分学士、学者和散淡闲人，古风创作者的水准与他们的差距无法以道里计。

何况，没有好曲子，又模仿不出好诗词，加上现代汉语较于古音，在音调上早就大有不同，平仄之间的界限已不再明显。

这都让突破古风音乐的瓶颈的难度变得极大，哪怕有大风口。

为何不能再“网游”一把？

或许，回归“网游”会是一个好路径。

此处的“网游”，并非特指网络游戏，而是坚持古风音乐源于互联网，以网络作媒介，以更游戏化的方式来完成古风今乐的蝶变。

一个案例同样来自音乐综艺。就在7月，《2018中国好声音》第一期的舞台上，一个女生组合将萌系二次元与重金属嗓音融合，颠覆性地演绎了知名古风《权御天下》，成功赢得四位导师转身。

卖点在哪？除了古风音乐的差异化外，《权御天下》这首歌曲的起点也很值得寻味。

这首古风音乐本身是电子音乐，即由孕育出全球顶级虚拟歌姬初音未来的VOCALOID软件创作而来，其声源则是有着世界第一个VOCALOID中文声库、有“中国第一虚拟歌姬”之称的洛天依。

VOCALOID中文曲+古风音乐，足够高的游戏化和黑科技，让其变得同而不同。

更进一步，则是在文字上破除瓶颈。古风和中国风音乐可以合流，成为新“国风”音乐，用文白杂糅的方式，时而古诗词，时而浅近白话，或许更容易产生“才下眉头，却上心头”这种贴近白话却更风雅的意境。

当然，不可忽视的是古风音乐圈的自建壁垒，甚至连周杰伦创作的中国风新曲都要被古风圈狠狠地鄙视一下。反倒是《人民日报》6月的评论说得透彻：古风音乐是流行文化的产物。在琵琶笛子中加入键盘贝司，几句西皮二黄后仍是一水的流行通俗唱法……古风音乐的创作则是“古为今用”“貌古神新”。

有何不可呢？或许这样更能孕育出大家。举个例子，让古风圈放下心结吧！苏轼的豪放词，常不遵循平仄、押韵规则，目的是“写词却绝不以律害意”。陆游亦透彻地点评道：“公非不能歌，但豪放，不喜剪裁以就声律耳。”

顺便来一句苏轼的《菩萨蛮》："郎笑藕丝长，长丝藕笑郎。"

随性自在、白话自雅，游戏如此，为何不效仿之——不拘一格创古风。

这篇文章的观点是，当下的古风歌曲让人一知半解，表面上创作者充满了迷茫和浮躁，实则是古风歌曲和中国古典音乐同而不同，因此文章提出了一个解决方案：不拘一格创古风。

这是重点，但不是最重要的。重要的是，谁想要接收这个信息，谁又能从中产生获得感。尊重的意义就在于此，可以按照第四层心法的三部曲，逐一分析。

一是文字有了感情，往往能触动人心。

文章对古风音乐的混乱现状不是口诛笔伐，只是娓娓道来。"乍一看，颇古雅；细一读，有意思；回味品，啥玩意……"这句话带有一定的个人观感甚至是情绪，却可以让许多听着古风却感觉说不出的别扭的人，有了情感宣泄的地方。

至于古风音乐的创作者呢？他们也有自己的迷茫，不被理解的迷茫。"针对某部游戏、网文或某个游戏人物的创作，只有'圈内人'才解其中滋味。"说出了这种被误解的状况。

类似这样带有感情色彩的文字在文章中散落，不是为了挑动读者情绪，而是随心所发、真情实感，也就没有了所谓骑墙派的嫌疑：既不是给听众辩伪，也不是为创作者辩诬，而是客观地提出自己的看法——大家都不是没有水平，只是不在一个范围中。

二是价值有新诠释，总是能引发感触。

观点需要有佐证，而佐证观点的材料不仅要独特，而且要能让人信服。

古风音乐的深层症结在于不够有古意，于是创作者就用生僻字来创作，想要强加古意，可依然无果，受众也不满意。原因有很多，没必要纠结于单个作品或单个创作者的问题，那样会变成一笔有关作品欣赏的糊涂账。此刻依然需要建立在论据之上的观点来驱动，思辨逻辑不复杂：

古风音乐总被认为抄袭日本音乐→中国古典音乐有五音，而现代音乐则多了两个音→日本音乐正好是五音，因此被借鉴了→除了版权上有问题，更重要的是日系音乐没有中国的味道。

这个观点其实解决了多个问题：古风音乐抄袭、古风音乐不古、古风音乐难懂，等等。

于是，文章为听众和创作者开辟了一个新的视角去审视古风音乐，引发了受众内心的感触。所以，在许多评论中，就有听众表示真正理解了现在古风音乐的尴尬，并勉励创作者继续努力创作；而创作者跟评说，自己确实走入了创作的死胡同，追求古意却似是而非，有了新启发，等等。

三是尊重如能分层，总能偶遇更多。

这篇古风音乐的文章的核心不是为了批评而批评，而是通过言之有物的观点，作为第三方提供更多的视角和参考方案，受众也就不再是一味地进行情绪宣泄，而是不断地被内容驱动而引发思考。提供更多的解决方案才是关键，这样才真正能够让读者感觉到文章的诚意和对他们的尊重。

尊重要体现在理解上。文章首先突破了一个瓶颈，即古风音乐的歌词是否真要如唐诗宋词一般。答案是否定的，而理由也不是夸夸其谈，则是用一句话道破：没有好曲子，又模仿不出好诗词，加上现代汉语较之古音在音调上早就大有不同，平仄之间的界限已不再明显。

这就是用基本的古汉语常识来解决古风音乐的复古之痛，由此引出更可行的解决方案。

尊重要体现在解决上。文章分层次来推进，最终触及解决方案时，会遇到一个问题：解决方案不是没人想到，只是少有人做到。因此，所谓用一篇文章解决一个大难题的说法，本身就是一种对现实的不尊重。

那么，新媒体创作者应该如何去呈现解决方案？提供多元化的案例，夹叙夹议，以供参考，最终将观点以方法论的方式呈现。目的不在于教古风音乐创作者如何创作，或告诉听众该怎么去赏析，不要以导师的姿态，而是以分享者的姿态进行商量和建议，让受众在阅读完毕时，心中隐隐受到启发。

偶遇某一个案例或某一句话，获得更多的启发，进而感到被尊重，这就是第四层心法的要义。这样讲观点，比起写一通大道理，对现状指手画脚，好处不言而喻。最重要的是，这样的态度是有温度的，且温度不冷不热，让人舒坦。

5.6 第五层：售后服务 + 爆文保温 + 自我实现

电视剧《人间正道是沧桑》中，男二号瞿恩有一句话，总让我时不时回想起来。他说，理想有两种：一种，我实现了我的理想；另一种，理想通过我而实现，纵然牺牲了自己的生命。

比起第五层心法，第四层强调的是协助用户、粉丝发现自己的价值，尤其是发现新的价值，作者充其量是领航员。而第五层心法尽管是以成为用户的导师为目的，但追求的是那种亦师亦友的关系。最终让受众通过你的观点输出，达成自我实现。

观点输出必须持之以恒，不但要成为爆文，而且要保持“恒温”。怎么做到？其实未必真的很复杂，大范围的实现可能难度很大，但小范围的实施却未必难。

5.6.1 怎么去售后服务？

比如我自己就热衷于在微博上做“售后服务”（如图 5-1 所示），凡是读者在网络营销中有任何疑问，只要在微博上呼唤我，我看到后都会尽可能地给予解答，而且经常还主动上门。

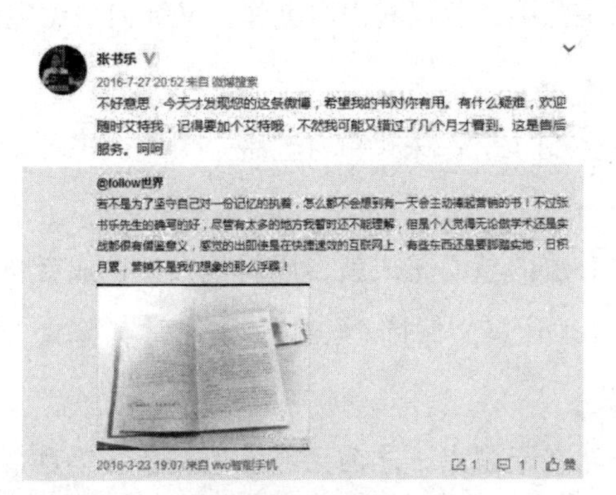

图 5-1 我在微博上的“售后服务”

能够给别人更多帮助，并且少一些功利心，会更容易赢得他人的尊重。尤其是对方在你的帮助下，结合自身实际，获得了某方面的成功。

2016 年之后，微博、今日头条等平台推出的问答系统或付费专栏，其实也可以成为这种导师模式的快捷实现方式。用户提出问题，专业领域的新媒体运营者给出解答，收取费用或获得流量，引来更多感兴趣的人围观问题。在某种意义上，这让拥有回答权限的新媒体运营者成为了导师。

这是一种知识的高效分享方式，而且能通过个人观点对某一类人群进行引导，深度触及他们的需要。

如果遵循这样的思路，尽可能地让自己的大多数内容发布和与粉丝之间的互动都能给围观者带来一定的价值，那么新媒体可以在一个不短的时间段内逐渐实现自我理想，而且可以变成帮助别人实现与其相同或相似的理想的路标。

当然，这种售后服务是长期的、日常的，也是一个需要恒心和耐心的过程，去和受众交流自己的观点，一点一滴积累起来。

如果缩小范围，仅仅看内容创作，又如何去做呢？

5.6.2　怎么让爆文保持“恒温”？

第五层心法的核心是成就，成就他人，也成就自己。要做到这一点，就必须让爆文保持“恒温”，即时常有爆文，观点在升温，立场莫摇摆。

核心依然在于观点，之前已经多次提及。毕竟，在粉丝的驱动下，一个人的观点可以迭代和升华，却不能总是以今日之我否定昨日之我，立场摇摆不定，粉丝也会离开你。

比如我在2004年开始新媒体创作时，就一直关注盛大游戏。彼时，它作为一个最强劲的游戏厂商而存在，十余年如一日，我对它的关注从未停止。

而从2018年末开始，盛大游戏被并购，并最终改名为盛趣游戏，其间发生了一连串的事情，我也对其进行一一分析解读。我截取了部分与之有关的文章标题，我的观点也可见一斑：

30亿元的大赌局，腾讯与盛大游戏深夜放了个大招，能再造传奇吗？（2018年2月9日）

298亿元拿下盛大游戏，除了《传奇》，世纪华通还能收割什么？（2018年9月12日）

如果盛大游戏改名，我希望它叫作“传奇”（2018年11月7日）

重回兵器谱排名，盛大游戏还差几步？（2018年11月15日）

腾讯、网易两强独霸格局生变，谁能成为游戏第三极？（2019年2月20日）

世间已无“盛大游戏”？曾是首富流水线，要靠改名原地满血复活（2019年3月30日）

游戏巨头偏爱3月发布大惊喜？腾讯、苹果、谷歌之后是它（2019年4月1日）

“王佶时代”的盛趣游戏，能成游戏第三极吗？（2019年5月31日）

王者归来！这一次，盛趣游戏想要玩“深沉”（2019年7月10日）

想要“云游戏自由”，盛趣游戏将如何与谷歌、微软竞争？（2020年1月13日）

网易、盛趣开始高频维权（2020年1月20日）

除了暴富机会，游戏硬核玩家还能收获啥？（2020年4月28日）

怀旧，怎么就成了2020泛娱乐的风口？（2020年5月8日）

炒现饭的游戏，为何总能“真香”？（2020 年 6 月 7 日）

两年多时间，这 14 篇文章只是我有关盛趣游戏（盛大游戏）的评论中的一部分，覆盖了该公司与腾讯合作、被世纪华通收购、品牌更名和重整旗鼓等各个阶段，每一篇文章都从某一个侧面进行分析。

上述文章除了在各自媒体平台上获得不错的关注度外，也被钛媒体、虎嗅、新浪创事记、人人都是产品经理等新媒体平台转发和扩散。此外，还成为不少传统媒体或新媒体的引用内容。

当然，尽管有关此公司的文章不是篇篇都成为爆文，但也总有爆火的文章，形成了针对该话题的爆文“恒温”现象。

此处其实还有一个小技巧，即对一事、一物乃至一人进行研判时，可以随着其热度不断而持续创作，也是爆文创作的一个取巧方式。

一来材料积累充分，历史材料和最新动态可以形成更深层次的对比。

二来既有观点也可以反复利用，而且观察时间越长，观点就越深刻、精辟，初期的观点或许还比较粗浅，但持之以恒的积累可以把观点打磨得如同针尖一般，直指真相，一针见血。

三来之前的一些创作内容还可以视情况拿来重复使用，针对热点的快速反应能力自然有了大幅提升。

四来逐步摸清有关该话题的受众需求和点击量的爆发点，爆文也就能反复出现了。

5.6.3 如何自我实现？

接下来的问题是如何达成自我实现，这主要是针对受众来说的。

如前文所述，理想有两种：我实现了我的理想，理想通过我而实现。要让更多的人找到自己的定位，而且又不反感创作者这个若有若无的导师，最佳途径是说出他们的心声和困惑，说出他们想到的、没想到的，并给出一些可以参考的实现路径。在这个过程中，创作者要是一个亦师亦友的角色，才能让读者很好地接受文章的观点。

2019 年 9 月，我的一篇标题为《左手中秋，右手试验！玩游戏玩出顶级论文，你敢玩吗？》的文章获得今日头条的青云奖。由于是多平台同步分发，时隔一年，在知乎、百家号乃至更多的平台上，这篇文章依然有人点赞和收藏。

9 月中秋前夕，腾讯传统文化公益游戏“佳期”，继“佳期：团圆”（春节）与“佳期：踏春”（清明）等版本后，推出了全新版本“佳期：月圆”，带来了水墨国风与全新玩法。

显然，腾讯已经把全年的佳节都变成了它家功能游戏的宣发时点。

只不过，在功能游戏的大战中，腾讯并非霸主，也不乏更多脑洞玩家。

如果要从“玩物丧志”和“玩物尚志”间找一个大逆转的存在，最新的选择是玩游戏，玩功能游戏。

在游戏产业里有个玩笑话：中国只有三家游戏公司，分别是腾讯、网易和其他。而在2019年开始，排名靠前的两家都做了同一件事：发布功能游戏。

最激烈的爆发时点是第一季度。

3月中旬，腾讯发布“佳期：踏春”“子曰诗云”“故宫：口袋宫匠”等三款功能游戏。

而在更早前，网易则在2018年最后一小时进行跨年表演，手游“绘真·妙笔千山”在全球200多个国家同步发行，第二天就冲上应用商店排行榜首位，而其游戏里的画面素材，均来自《千里江山图》……

浓浓的国风与教育气息扑面而来，也让早早被称之为第九艺术，却一直被诟病为玩物丧志的游戏，突然变得有了“玩物尚志”的风味。

其实，作为新媒介的游戏，其实早就开始了兼容更多有价值的媒介或学科的试验，而只是扮演一个兼职教师的角色。

或许，要从三个层面才能正确打开新局面。

从小众而大众：艺术可以这样赏析

“绘真·妙笔千山”的卖点并不复杂：故宫博物院参与开发的首款网游，在游戏里完美复刻了“青绿山水”，轻触屏幕即可对话《千里江山图》，以及功能游戏的一次跨界突破……

剧情设定也颇有功能色彩，是一个小和尚为了提高画技，与另一个少年进入画中磨炼的冒险故事，也就自然而然地将“青绿山水”的每一寸关键处放大给玩家或画迷来享受“国风”，寻找“物品”，解答“疑惑”。但多少还是觉得游戏短、平、快了点，通关后还有些不过瘾。

换言之，游戏的套路是很常见的解密游戏模式，只不过这一次谜面和谜底换成了一幅国画，一寸寸地寻找，让这些过去即使是书画爱好者也极少去考究的细节以游戏化的方式呈现。

在现实中，这样的玩法并不罕见。

昔日，曾在全国遍地开花的“锦绣中华”“世界之窗”等人造景区，扮演过类似的媒介角色，让当时国内大众无法抵达的区域以浓缩的方式呈现在眼前。

据说国外某大学曾有过一个学期任务：学生合力造艘哥伦布环球航行帆船。

结果，变成木匠的大学生顺便成了图书馆的常客，力求还原每一个细节，光一个中世纪船舱里的布艺装饰该怎么搭配，同学们就能争个三天两夜来……

只是，通过游戏这个主要面向青少年的大众传播媒介，一切变得更加简易：例如腾讯家的“尼山萨满”，中国剪纸风格的画面、大量的民族乐器和满族语人声吟唱，伴着粗犷的鼓点，塑造了一个包含北方少数民族文化传承的国风音乐游戏。

于是，过去充斥着流行音乐、靠手指或脚步来跳出节奏的“体感游戏”，也就一边用特异的风格获得用户金钱，同时也扮演了非物质文化遗产的传播者。

还有更多充当教学角色，让偏小众或专业的知识，获得更多人关注的功能游戏。

如太空工程建造游戏“坎巴拉太空计划”推出的教育版，让玩家可以通过操作游戏中的人物建造火箭，并将其送入太空轨道，由此可以掌握真实世界中的物理与工程知识。

曾有一部名叫《空中蛇灾》的老电影，很戏剧性地还原了游戏的功能属性。

片中客机驾驶员全部因故“歇菜”，然后主角问乘客中可有人能驾驶。一个胖小伙最终挺身而出，并以他两千小时的飞行时间，成功实现航班迫降。

当然，胖小伙的飞行时间，都是在游戏机上的模拟空战游戏里的时间。

尽管这是戏说，但未必不靠谱。本身训练飞行员的模拟驾驶程序，也就是一个个专业的功能游戏。

更多的大众领域也在解锁，未必一定要标榜为功能游戏才能成功。

完全是娱乐风的全球爆款“刺客信条”，把法国大革命前期的巴黎都融入游戏中。

结果许多游客到了卢浮宫，走在巴黎街道上，甚至是一条小巷、一个暗门、一幅名画或一个雕塑都可能曾经在游戏中游历过、鉴赏过乃至发现过细节上的“宝藏”，游客就如回到自己的家乡一般，充满了熟识、感怀、对比和发现……

仅仅只是见证历史和发现名声吗？

或许在骨灰级玩家的经历中，游戏还顺便开启了某个知识领域的大门。

老舍先生不也说过“集邮长知识”，同理可证。

从大众而受众：治愈系可以玩出来

仅仅只是教育功能吗？这太小看功能游戏的范畴了。很多时候，它还有着对特定人群的治愈功效。

许多推荐功能游戏的文章，会用上“通关成就学霸”“玩游戏学会日语”“微积分、几何一玩就会”等诸如此类的华丽辞藻。

而对于国内第一代网民来说，或许更深切的记忆是来自一款名叫“金山打字通”的早期功能游戏。

2002年，以WPS起家的金山公司推出了这款游戏，几乎成为了一代人学会打字的起手工具。

同时，由于在1997年对战Word遭遇惨败而濒临破产的金山公司，则在诸如金山打字通、金山词霸、金山影霸、金山快译等游戏和工具的支撑下，达成了销售110万套的惊人业绩。

此外，彼时在金山公司主持该项功能化服务转型的总经理，正是当下以“小米创始人”闻名的雷军。

受众有需求，尽管“神功”练成后，再也不会回到游戏中，但功夫却丢不了。

2016年，一款名为“纸境奇缘：文字大冒险”的游戏在全球风行，玩法很简单，是画质更美的“金山打字通”升级版，还有竞技模式，玩家之间可以相互切磋，提升眼力、手速和识字能力（尤其是非英语用户，提速尤佳）。

但这些功能游戏还偏重于大众消费层面，更多的商业思路则转向了更为精准的受众层面，并以商业定制的形式，形成更具功能性和商业前景的治愈风。

其历史或可追溯到1980年。

彼时的游戏巨头雅达利曾推出据称是世界首款功能游戏“Army Battle Zone”，是街机游戏“Battlezone”的升级，帮助美军训练M2布雷德利步兵战车的驾驶人员和乘坐士兵。

如大热游戏“彩虹六号：正义之矛”“模拟城市”，都有相应的企业版本，用于训练人员、教育学生和进行城市规划的研究。

就在国内，2012年的时候，巨人公司亦曾推出过一款名为《光荣使命》的射击游戏，军用版用于解放军内部训练，民用版则号称可以让玩家体验最真实、震撼的战场场面。

更多的场景也在展开，其功能也变得特别耐人寻味。

法国2012年电子医疗会议的“最佳电子健康产业项目”奖颁发给了一款名叫“Voracy Fish”的游戏。

该游戏专门为中风患者上肢功能康复而开发，玩法也并不复杂：玩家在游戏中通过手臂和手掌控制一只鱼，在游戏的同时可以锻炼上肢，游戏则会记录每位病人的所有动作，医护人员可以借此跟踪病人的运动和康复情况。

类似这样针对特定用户而设计的游戏或许并不大众，但绝对有受众需求，而且是特定的受众刚需，十分能治愈人。

游戏也就由此跳出了简单的娱乐功能，成为了一个更具有针对性的功能媒介。

只是，不一定非要带上一个“功能游戏”的帽子。

从大众而小众：科研可以大家来玩

功能游戏的脑洞能开多大？

或许，大多数玩家并不能理解“功能”的真相。

刘慈欣在《三体》的开篇设计了一个功能游戏，让全球无数玩家一起玩神秘网游“三体”，用各种匪夷所思的想象，试图解锁和拯救“三体文明”真实而悲剧的宿命。

这并非科幻，这已经是现实。

2017年初，太空战略游戏“EVE”（“星战前夜”）发布了一项新功能——玩家可以参与真实的太空探索项目。

结果，数以千万计的游戏玩家一下子就进入了天文学家的角色扮演之中。

冰岛雷克雅未克大学和瑞士日内瓦大学是这个项目的主要推手，它们要做的事情就是请玩家帮忙看图说话：

空间望远镜拍摄了海量的图片，其中某些地方恒星的光芒会被阻挡、遮蔽，那很可能就是类地星体。玩家要找出这些地方，进行标记并加入简短描述，一旦某一张图片被标记的次数足够多，信息就会被传递给日内瓦大学的项目组。

其实，在此之前一年，“EVE”还搞过另一个“探索计划”，也是和雷克雅未克大学合作，只不过不是探索太空，而是关于人类DNA与蛋白质的研究。

成果也颇为喜人。

2018年9月份正式发布在权威期刊《自然——生物技术》的论文给出了一个官方统计数据：超过30万位玩家参与了这项特殊的研究，总计完成了3300万个图像分类，研究结果已经上传到了公开的“人类蛋白图谱数据库”之中，可供全世界的科学家使用。

只是，参与到研究中的玩家，或许最终也不明白自己到底研究了什么。

类似的游戏，早已经成为了科研领域里的一个套路：汇集网友的力量来绘制大脑细胞的神经元网络图的*Eye Wire*；通过人力筛选数据，用提供的恒星光度的变化数据寻找宇宙中的行星的《宇宙动物园》……

这些游戏最后都通过玩家的“众筹”达成了科研目的。而玩家收获了什么？积分、排名，或许还有科学家的称号。

2008年，华盛顿大学的贝尔实验室开发了一款名为*Foldit*

（《折叠它》）的游戏。

玩家要做的事情很简单，不断调整蛋白质的三维形状，直到达到最稳定的形状。

看似很枯燥，但科学家很理智地把社交游戏的套路借鉴进来：谁做出的结构越稳定，谁的分数越高，这可是有世界排名的。

结果好得令人难以置信。

比如，让科学家研究15年之久的艾滋病毒逆转录蛋白酶的结构难题，在10天之内借助玩家的集体智慧被破解。

结果：玩家的收获也不仅仅是排名

2010年，顶级学术期刊《自然》和《科学》杂志上发布了这款游戏的研究成果。饶有趣味的是，研究团队特意在作者栏处郑重其事的写上了“超过57 000名玩家”，作者单位写的则是“全世界”（Worldwide）。

2014年，一篇题为《来自大型开放实验的RNA设计规则》的论文发表在《美国国家科学院院刊》上，署名作者多达3.7万人，其中科研人员仅有10名。

这个研究成果同样来自游戏。

在一款名为“EteRNA”的游戏里，玩家可以对各种颜色的小块进行重组，模拟真实世界中RNA（核糖核酸）的运作规律。

同样有奖励，而且很现实。

每周，斯坦福大学会选出4到16名玩家设计的分子进行人工合成——任何一个玩家，都有机会让自己的RNA设计变成真实世界中的实物。

而游戏的终极大礼包则是论文在名为“EteRNA参与者”的

附录中，显示了总共 37 542 名玩家的注册名。

或许，这份名单比论文的篇幅更长……

或许，到了科研的层面，游戏的商业化程度也就降低到了零；但科研的成果，则成了游戏这个媒介所达成的效益最大化的体现。

换言之，其间接引发的社会效益和经济效益，远比从玩家口袋里掏出的一分一厘更实惠。

功能游戏，或许其概念将不再限定为某个专为某种目的而设定的专属游戏或小众游戏，其更容易在这场以游戏作为媒介的社会试验中，找到自己的“北”。

毕竟，如果指南，则可能“只难”；而如果指北，则尽管看似“只悖”，但说不定在社会效益和经济效益上殊途同归。

这篇文章里涵盖了许多第四层心法的内容，即提供给受众全新的价值，让他们感受到尊重。特别是对游戏玩家来说，既然游戏还有不玩物丧志的一面，或许就可以“理直气壮”地继续玩下去了。也可以分享给自己的玩家朋友们，互相“鼓励”，开一下相约一起去搞科研的玩笑。还可以转发给自己的亲人，为游戏正名。

但文章里也有第四层心法没有的东西，比如对于一些做科研的人，或许能因此打破一些固有的思维，启发他们下一次做实验的时候，也运用类似的方法来借助更多的人的力量达成目的。

一些有研究精神的玩家也能从中找到一种可能，比如通过游戏这个媒介去挖掘一些学科中有价值的成果。

一些游戏公司的运营者可能从中获得启发，构思出一个新的玩法，甚至一些社会问题也因此迎刃而解。

如此种种，数不胜数。这算不算让一部分受众找到了自我实现的可能呢？

我在2004年就开设博客，坚持对游戏产业进行持续观察，并出版过国内第一本游戏产业专著《榜样魔兽》，我一直通过自己的新媒体创作，分析、研判和预测各种游戏可能创造的经济价值，以及可以有益于更多人的社会价值。总有一些人，因为我的创作而得到了启发，甚至能够自我实现。

这其实也算是一种长期的售后服务，不断地产出优质内容，给粉丝们提供镜鉴。

这是一种持续的爆文“恒温”，用更多的主题、快速迭代的内容去影响更多的人，当然创作者也收获了流量和个人名利。

同时，当你用更多的具有可操作性和可复制性的内容，去为受众的自我实现提供一点微薄的助力时，你也在实现自己的价值。

于是，态度、温度及尺度也就都包含在其中了。

不得不说，观点才是自媒体之魂。文笔好的创作者如过江之鲫，组队团战的MCN也让许多一个人战斗的创作者难以比肩，而唯一能依仗的，还是观点，而且是独到乃至毒辣的观点，才能让人印象深刻，甚至过目不忘。

至于文笔，好文笔固然是一种优势，实在没有的话，只要有观点也足够了，文笔是靠多写写也可以练出来的。例如国学大师陈寅恪，尽管他和王国维、梁启超、赵元任一起并称清华四大国学大师，他的文笔也比不过王国维和梁启超，但人家有独特的观点，靠着在历史研究中提出“关陇集团”这一著名概念而独步史学界。尤其是陈寅恪晚年写作的《柳如是别传》，蕴含了深厚的学术功底，书中一句“对如花之美女，听说剑之雄词，心已醉而身欲死矣”，虽非观点，也让无数文人为之向往，为之折腰。

后记

由简入繁难，由繁入简亦难

1990年末，我在湖南师范大学新闻系读本科的时候，印象最深的一句话，是新闻写作老师说的。

一个记者，要先从短小精悍的消息开始写起，熟练后再写千字以上的通讯，接下来再练熟，才有能力驾驭三五千字的深度报道。等这一个“小周天”完成，你再回过头来写看似套路满满的消息，会发现，原来最难写的恰恰是这些“小豆腐块”。

在做过传统媒体的记者，又从事自媒体创作十多年后，我发现，当初老师的教诲真的都得到了印证。一寸长一寸强，一寸短一寸险，我每一次进行内容创作，都是在尝试自我突破。

有时候，是文体的突破，从熟练的倒金字塔体转向华尔街日报体，就如同小学生学写作文一般，重新来过一次。

有时候，是知识的更新，每一次创作的内容都要重新积累。不可否认的是，看似表面上已经很精通的领域，我只要不断地搜集资料，总能发现新大陆。这时候，我总会欢欣鼓舞，为获得的新知识如痴如醉。

这本书讲的都是写作的基础，也是我个人经验的总结，目的是提供一个参考、一个坐标，让大家能够早日突破藩篱，实现自我提升。

真正自媒体创作的本质是什么？我还在寻找中，和诸君一起寻找。

很喜欢金庸先生书中独孤求败刻于石壁上的一段话，在此作为本书结尾，与君共勉。

凌厉刚猛，无坚不摧，弱冠前以之与河朔群雄争锋。

紫薇软剑，三十岁前所用，误伤义士不祥，悔恨无已，乃弃之深谷。

重剑无锋，大巧不工。四十岁前恃之横行天下。

四十岁后，不滞于物，草木竹石均可为剑。

自此精修，渐进于无剑胜有剑之境。